Anselm Grün

# Was die Liebe nährt

## Das Buch

Damit die Liebe in den siebten Himmel führt, muss sie auf dem Boden des Alltags gepflegt werden und braucht immer wieder neue Nahrung. Spiritualität zeigt einen Weg, mit unserer Sehnsucht nach Vertrauen und Offenheit und auch mit den Erfahrungen der Enttäuschung und Verletzung umzugehen. Mit zahlreichen Ritualen und Übungen.

„Ich finde das Buch wirklich sehr kompetent und menschlich. Anselm Grün schreibt über die Spiritualität als Quelle der Liebe, über die Erotik und Sexualität, welche die Liebe in uns wachhalten, aber auch über Schwierigkeiten, die sich stellen bei Eifersucht, Streit und Missverständnissen." (Jürg Willi)

## Der Autor

Anselm Grün OSB, Dr. theol., Meditationsleiter, weltweit populärster christlicher Autor unserer Tage. Seine Bücher zur Spiritualität und Lebenskunst haben Millionenauflagen erreicht. In seinem Newsletter „einfach leben" gibt er regelmäßig Impulse: www.einfachlebenbrief.de

Anselm Grün

# Was die Liebe nährt

## Beziehung und Spiritualität

HERDER

FREIBURG · BASEL · WIEN

Herder spektrum Band 6662

**MIX**
Papier aus verantwor-
tungsvollen Quellen
**FSC® C083411**

Titel der Originalausgabe: Was die Liebe nährt. Beziehung und Spiritualität
© Kreuz Verlag in der Verlag Herder GmbH. Freiburg im Breisgau 2010
ISBN 978-3-7831-3499-5
© Verlag Herder GmbH, Freiburg im Breisgau 2013
Alle Rechte vorbehalten
www.herder.de

Umschlagkonzeption: Agentur R·M·E Roland Eschlbeck
Umschlaggestaltung: Verlag Herder
Umschlagmotiv: © ginger./photocase.com
Satz: de·te·pe, Aalen
Herstellung: CPI – Clausen & Bosse, Leck

Printed in Germany

ISBN 978-3-451-06662-7

# Inhalt

# Einleitung

Neulich schrieb mir ein Journalist von einem Vortrag, den er besucht hatte. Das Thema klang verlockend: Wie die Liebe in der Partnerschaft gelingt. Die Liebe zwischen Mann und Frau werde gelingen, so versprach der Referent, wenn man sich nur an seine Ratschläge halte. Doch am Ende des Vortrags fühlte sich dieser Zuhörer nicht nur hilflos. Er spürte auch Aggressionen. Denn er wusste genau: So ideal war keine Beziehung. Und tatsächlich: Als er dann daheim seiner Frau von all dem erzählte, gab es gleich Streit. Der Vortrag hatte genau das Gegenteil dessen bewirkt, was er verheißen hatte.

Wenn das Ideal zu hoch gehängt ist und im Alltag unerreichbar bleibt, kann Liebe im buchstäblichen Sinn »verhungern«.

Die Frage ist: Was nährt die Liebe? Wie können Beziehungen auch im Alltag aus der Quelle der Liebe leben? Spiritualität kann einen Weg zu dieser Quelle weisen. In diesem Buch möchte ich keine billigen Versprechungen abgeben. Es gibt keine bestimmte »Methode«, die garantiert, wie die Liebe zwischen Mann und Frau und die Liebe zwischen Freunden gelingen kann. Es geht mir um Beziehung und Spiritualität im Alltag. Spiritualität ist ja keine Rezeptur mit definierter Wirkung. Und auch kein frommer Mantel, der über die alltäglichen Konflikte gehängt wird. Sie deckt nichts zu. Sie ist kein Ideal, das wir anstreben (und doch nie erfüllen werden). Vielmehr zeigt sie einen Weg, einen realistischen Weg. Die Frage ist ja: Wie können wir mit unserer Sehnsucht nach gelingender Beziehung umgehen und zugleich mit den Erfahrungen der Enttäuschung und Verletzung? Wie können wir das tun, ohne die Hoffnung zu verlieren und ohne mit schlechtem Gewissen auf das ständige Misslingen zu reagieren? Die Spiritualität wirkt sich aus: Sie relativiert unsere angestrengten Bemühungen um gelingende Beziehungen. Sie zeigt, dass die Beziehung zwischen den Geschlechtern nicht alles im Leben ist. Sie will uns entlasten von übertriebenen Erwartungen, die wir an uns und unsere Beziehungen stellen. Und zugleich zeigt sie uns ein Fundament für unser Leben auf. Auf diesem Fundament können wir dann auch gelassen und vertrauensvoll unsere Beziehungen leben.

Es gibt vielfältige Beziehungen: die Beziehung zwischen Mann und Frau, zwischen Freund und Freundin, zwischen Freunden und zwischen Freundinnen, die Beziehung zwischen Eltern und Kindern, die Lehrer-Schüler-Beziehung und andere zeitlich beschränkte Beziehungen, etwa bei der geistlichen Begleitung oder bei der Sterbebegleitung. Bei all diesen jeweils ganz besonderen Beziehungen spielt die Spiritualität natürlich auch eine große Rolle. Doch ich möchte mich in diesem Buch bewusst auf die Beziehung zwischen Mann und Frau und auf die Beziehung der Freundschaft beschränken.

Dabei verstehe ich Spiritualität in einem offenen Sinn. In einem christlichen Verständnis ist Spiritualität das Leben aus der Quelle des Heiligen Geistes. Spiritualität meint in dieser Tradition nicht nur die Beziehung zu Gott und zu Jesus Christus, sondern auch den Ausdruck des Glaubens im Gebet, in der Teilnahme am Gottesdienst und in der Bereitschaft, sich im eigenen Leben auf das Wort der Bibel einzulassen. Heute wird der Begriff Spiritualität meist offener verstanden als es das traditionelle christliche Verständnis anzeigt. Sie ist in diesem Verständnis der Sinn für die Transzendenz und meint das Gespür für eine tiefere Dimension des Lebens. In diesem weiteren Sinn ist ein spiritueller Mensch, wer sich mit dem Vordergründigen nicht zufriedengibt und den Sinn des Lebens und die Hoffnung für sich selber jenseits der Grenze des Sichtbaren, Machbaren, Erfahrbaren sucht. Ich selber habe natürlich immer die christliche Spiritualität im Blick, möchte aber bewusst in einer Offenheit schreiben, die es möglich macht, dass sich auch die Menschen angesprochen fühlen, die Spiritualität außerhalb der Kirche suchen.

# Dimensionen der Liebe

# Ist die Liebe am Ende?

*Die zwei Gesichter der Individualisierung*

Was gefährdet Beziehungen? Manche Psychologen meinen, die Beziehungsunfähigkeit sei das größte Leiden heutiger Menschen. Es gibt soziologische Erklärungen, warum der heutige Mensch so oft unter Beziehungslosigkeit leidet und wieso die Liebesfähigkeit bedroht ist. Eine davon besagt: Wir leben in einer Zeit der Individualisierung. Die Individualisierung hat ihre guten Seiten. Sie bringt mit sich, dass jeder sein einmaliges Leben ohne Behinderung durch starke Einflussnahme der Gesellschaft verwirklichen kann. Aber solche Freiheit hat auch Schattenseiten. Die Energie des Einzelnen konzentriert sich auf die Entfaltung des eigenen Lebens. Der andere wird in erster Linie als einer gesehen, der mir nützt oder schadet. Im positiven Fall ist er jemand, der mir helfen kann, mein eigenes Potenzial zu entwickeln. Er wird instrumentalisiert, das heißt: nur zur eigenen Selbstverwirklichung benutzt. Auf der anderen Seite bleibt der Mensch ein soziales Wesen. Er sehnt sich nach Beziehung. Aber die Individualisierung hat ihn weggeführt von den Menschen. Der Weg zu einer Beziehung ist also weiter als früher. Wenn in früheren Zeiten das Dorf eine Gemeinschaft bildete, fühlte man sich geborgen. Sicher war eine solche Gemeinschaft oft auch einengend. Heute ist nicht nur die

Einengung weggefallen, sondern mit ihr auch die Geborgenheit. Zugleich entdecken wir heute eine zunehmende Sehnsucht nach Zugehörigkeit. Zu jemand, zu etwas zu gehören, ist auch im Zeitalter des Individualismus ein unausrottbares Bedürfnis. Für junge Menschen ist es lebensentscheidend, dass sie sich einer Gruppe zugehörig fühlen. Dabei machen sie sich oft wieder abhängig. Es ist nicht selten dann keine Zugehörigkeit im Sinne einer reifen Beziehung, sondern oft genug ein Aufgeben der eigenen Identität zugunsten der Gruppenzugehörigkeit. Diese Sehnsucht nach Zugehörigkeit steht manchmal auch zu Beginn einer Freundschaft zwischen Jungen und Mädchen. Dann wird der andere dazu gebraucht, um der eigenen Einsamkeit zu entkommen. Aber in einem Klima des Brauchens und des Habens kann keine wirklich tiefe Beziehung wachsen.

### Das Paradox der vielen Möglichkeiten

Der Soziologe Sven Hillenkamp spricht in einem Essay zugespitzt vom »Ende der Liebe«. Seine Beobachtung: Unsere Gesellschaft bietet ihren Mitgliedern scheinbar unbegrenzte Möglichkeiten, einander zu begegnen. Die Freiheit, Beziehungen einzugehen, ist gegenwärtig so groß wie nie. Und trotzdem ist die Fähigkeit zur Liebe damit nicht gewachsen, sondern so gefährdet wie nie. Erstaunlich genug: Gab es früher festgefahrene kulturelle oder unüberwindliche gesellschaftliche Unterschiede und Grenzen, so spielen sie heute keine entscheidende Rolle mehr. Frauen sind anders als in früheren Zeiten durch ihre Berufstätigkeit in die Gesellschaft integriert. Mobilität, räumlich und sozial, ist heute selbstverständlich. Auch die Technik ist mit im Spiel. Die computergestützte Partnervermittlung über das Internet ist gebräuchlich. Ja, sie ist so verbreitet, dass sie zu einer gewinnträchtigen Industrie geworden ist. Alle gesellschaftlichen Schichten werden davon erreicht, einfache Leute ebenso wie Akademiker. Eine größtmögliche und zielgerichtete Auswahl von Sex- und Lebenspartnern wird durch Vorauswahl erleichtert bzw. ermöglicht. Millionen Suchende lassen sich in Datenbanken – wie in Katalogen – registrieren. Die unverbindlichen Möglichkeiten, Beziehungen zu einer schier unendlichen Zahl von »Wunschpartnern« aufzunehmen, scheinen unbegrenzt.

Doch ist das kein sicherer Weg zum Liebesglück. Und es steigt gleichzeitig auch die Zahl der Trennungen. Immer mehr Partner trennen sich immer schneller. Und die ständige Suche ist bei vielen zu einem ausgesprochenen Suchtverhalten geworden. Die Sehnsucht nach dem »idealen Partner« verführt sie zur Sucht. Sie müssen es immer neu »probieren«. Und oft suchen sie auch noch weiter, wenn sie schon einen Partner gefunden haben. Sie werden diesen »idealen« Partner aber nie finden. »Sie sind auf einer endlosen Suche nach etwas Besserem, einem Besseren«, sagt Hillenkamp. Die unbegrenzten Möglichkeiten führen diese Menschen nicht zum Glück. Mit den scheinbar unendlichen Wahlmöglichkeiten werden sie ihrer unendlichen Sehnsucht nicht gerecht.

Die Ansprüche der Konsumgesellschaft, aber auch die der Wirtschaftswelt mit ihrem Effizienzdruck sind nicht dazu geeignet, Beziehungsqualität zu fördern. Wenn Menschen sich nahekommen wollen, geht das nicht zweckgerichtet und hektisch. Das Miteinander braucht Pflege – und das heißt: Zeit. Viele, die Führungsaufgaben in einer Firma innehaben, erzählen mir, dass sie gar keine Zeit mehr für menschliche Beziehungen haben. Sie sind so eingespannt in die immer mehr verdichtete Arbeit, dass kaum Raum bleibt, eine Beziehung zu pflegen oder eine aufzubauen. Von ihrer Firma aus sind sie in der ganzen Welt unterwegs. So bleibt kein freier Raum, miteinander etwas zu erleben. Ein Mann war mit einer Frau verheiratet. Beide hatten verantwortliche Posten in ihren Firmen. Sie flogen um den gesamten Erdball, hatten aber kaum Zeit für ihre Ehe. Sie riefen sich gegenseitig aus Hongkong und São Paolo an. Aber wenn die Beziehung sich auf das Telefonieren beschränkt, muss sie irgendwann scheitern. Und vor allem sahen beide keine Möglichkeit, eine Familie mit Kindern aufzubauen. So ging die Beziehung auseinander. Der Tempodruck der Welt, mit dem wir alle leben, führt bei vielen dazu, dass sie nicht mehr die Geduld für das Wachsen einer Partnerbeziehung aufbringen. Auch die Enttäuschung wird so bei vielen beschleunigt – viele trennen sich schon nach immer kürzerer Zeit.

*Verlust der Intimität*

Auch unsere Mediengesellschaft schafft ein Klima, das problematisch ist. Die mediale Schamlosigkeit schafft keinen Raum, in dem Beziehungen gedeihen können. Das meint nicht nur die Sexualisierung der Werbung, die uns in der Öffentlichkeit überall begegnet, oder die offene Darstellung von Pornographie, die im Internet schon Jugendlichen zugänglich ist und vielen als »Normalität« erscheint. Auch eine Öffentlichkeit, die sich über die Interna der Beziehung von bekannten Menschen in Massenmedien schier grenzenlos verbreitet, wirkt sich schädlich auf das Beziehungsklima aus. Eine Beziehung, die ständig der Öffentlichkeit ausgesetzt ist, kann nicht gelingen. Wenn jeder Streit sofort zum Tagesgespräch der Klatschpresse wird, können keine Prozesse des Sich-Verständigens entstehen. Grundsätzlich gilt: Beziehung braucht den Schutz der Intimität. Wenn diese Intimität verloren geht und alles ausgebreitet wird, ist dies Gift für eine echte Beziehung.

*Die Sachlichkeitsfalle*

In der Öffentlichkeit, im wirtschaftlichen und politischen Leben sind Rationalität und Sachlichkeit die vorherrschend geforderten Haltungen. Das strahlt auch ins Persönliche aus. Beide Haltungen fördern die Beziehungslosigkeit. Denn wer nur im Kopf ist, der braucht keine Beziehung einzugehen. Wir kennen alle die Menschen, die in Diskussionen rein rationale Argumente bringen, aber absolut nicht in Beziehung zu den Menschen stehen, mit denen sie reden. Sie nehmen sich aus der Beziehung heraus, weil sie unsicher ist. Denn jemand, der sich wirklich auf einen anderen einlässt, ist gezwungen, sich mit seinem Herzen zu zeigen. So flüchten solche »sachlichen« Menschen lieber in das rein rationale Argumentieren. Sachlichkeit gilt weithin als die moderne Tugend schlechthin. In der Sachlichkeit steckt zwar auch die Bereitschaft, das eigene Ego und die eigenen Interessen zu lassen und sich nüchtern und rational auf eine Sache einzulassen. Insofern ist die Sachlichkeit tatsächlich eine positive Haltung und eine Tugend. Aber Vorsicht: Wenn in einer Diskussion ständig auf Sachlichkeit und Objektivität gepocht wird, ist dies oft nur der Versuch, den Emotionen aus dem Weg zu gehen und die Beziehungsebene zu überspringen. Wenn der Ehemann seine Frau immerzu ermahnt, sie solle doch bitte »sachlich« bleiben, nimmt er sie in ihren Emotionen und letztlich in ihrer Person nicht ernst. Er entzieht sich der Beziehung, um sich auf die scheinbar objektive Ebene zu beschränken. Beziehungskonflikte sind nie nur sachliche Konflikte. Da wird die Seele des Menschen berührt. Unbewusste seelische Verletzungen und nicht erfüllte Bedürfnisse tauchen auf und entfalten ihre Dynamik. Diese seelische Dimension muss also angeschaut und gewürdigt werden, damit Partner gemeinsam einen Konflikt lösen können. Wer meint, er könne einen Beziehungskonflikt rein sachlich lösen, der wird neue Konflikte produzieren. Denn das, was der andere dann verdrängt, wird sich bei der nächsten Gelegenheit wieder zu Wort melden.

Ich beobachte bei manchen Menschen, dass sie gar nicht fähig sind, ihre Beziehungslosigkeit und Beziehungsunfähigkeit überhaupt wahrzunehmen. Sie empfinden sich als kontaktfreudig und gelten als sozial gewandt. Sie gehen auf andere zu. Sie sind offen im Gespräch. Aber ihre joviale Leutseligkeit und diese immerwährende Kontaktbereitschaft sind oft nur ein Zudecken einer tiefer liegenden Beziehungslosigkeit. Man ist zwar zu allen freundlich, aber mit seiner Freundlichkeit hält man sich die Menschen auch vom Leib. Man lässt niemand richtig an sich herankommen und geht keine wirkliche Beziehung ein. Es strömt nichts zwischen solchen Menschen und den Menschen, denen sie sich nähern. Ihre freundlichen Floskeln, die manchmal sogar persönlich klingen, überspielen nur die dahinter liegende Beziehungslosigkeit. Wer aber seine Beziehungslosigkeit gar nicht wahrnehmen kann oder will, wird auch nicht daran arbeiten. Man kann eine Zeit lang die Augen vor der Beziehungsleere verschließen, doch irgendwann spürt man dann schmerzlich, dass man allein ist. Manche fallen dann in eine tiefe Depression. Sie erkennen auf einmal, dass sie zwar viele Kontakte haben, aber keine wirkliche Beziehung. Keiner geht auf sie als Person zu, keiner meint sie wirklich persönlich. Die Einsamkeit verfestigt sich, wenn man versucht, ihr so aus dem Weg zu gehen.

Viele sehnen sich nach einer gelingenden Beziehung, aber zugleich haben sie Angst vor Nähe. Wenn sie sich zu sehr auf den anderen einlassen, dann könnten sie – so ihre Befürchtung – enttäuscht werden, wenn der andere sie verletzt. Diese Angst vor Verletzung hat dazu geführt, dass sie sich innerlich verschlossen haben. Oft hat eine solche Angst in negativen Erfahrungen der Kindheit ihren Grund. Wenn das Vertrauen, das man als Kind zum Vater, zur Mutter oder zu einer Schulfreundin hatte, missbraucht wurde, entwickelt sich Angst vor jeder Beziehung. Denn sobald Vertrauen entsteht, kann es auch gebrochen werden. Das Fehlen einer positiven Bindungserfahrung in der frühen Kindheit führt dazu, dass man sich auch als Erwachsener schwer tut, sich an einen anderen Menschen zu binden. Bindung wird dann eher als Einengung erfahren und nicht als Weg in die innere Freiheit. Treue und Bindung als etwas Positives zu erfahren, ist für das Kind entscheidend, damit es später keine Angst vor Beziehung und Bindung hat. Wenn ein Kind die Beziehung der Eltern untereinander als ständigen Streit und Auseinandersetzung erfährt, dann tut es sich nach aller Erfahrung schwer, sich als Erwachsener auf einen Partner oder eine Partnerin einzulassen. Denn die Angst, dass die Beziehung sich genauso problematisch entwickelt wie die der Eltern, taucht bei jeder Nähe auf.

Wenn die Beziehung zu den Eltern nicht tragfähig ist, wenn man da ständig Angst hat, die Eltern würden sich entziehen, dann verschließt man sich auch anderen gegenüber. Um den Schmerz über das Verlassenwerden durch die Eltern nicht zu spüren, ziehen sich die Kinder in sich selbst zurück. Das ist ihre Überlebensstrategie. Doch diese Strategie führt dazu, dass sie sich in sich selbst einigeln. Manchmal strecken sie ihre Fühler aus, um Kontakt aufzunehmen. Doch sie zeigen sofort die Stacheln, wenn ihnen einer zu nahe kommt. So gleichen viele junge Menschen Igeln. Sie haben sich eingeigelt, aus Angst, sie könnten verletzt werden. Doch es gibt keine Beziehung ohne Verletzung. Die Beziehung wächst durch immer größere Nähe. Aber sie kann auch durch Verletztwerden wachsen. Die Verletzungen können mich nämlich für den anderen öffnen. Sie zeigen, dass ich meine Fassade nicht aufrecht erhalten kann. Wenn ich den anderen wirklich spüren will, muss ich aus meinem Lebenshaus heraustreten und mich dem anderen so zeigen, wie ich bin. Die Verletzung zeigt mein Herz in seiner Bedürftigkeit. Ich zeige meine Empfindlichkeit und Verletzlichkeit. Davor haben viele Angst. Sie wollen nach außen hin stark erscheinen, unverletzlich. So müssen sie sich verschließen. Sie haben Angst, negativ bewertet zu werden, wenn sie ihre Verletzlichkeit offenbaren. Es ist ein tiefes Misstrauen in ihnen, dass sie so, wie sie sind, nicht gut sind.

Jürg Willi, der Schweizer Psychologe und Paartherapeut, stellt fest, dass unsere Gesellschaft den Narzissmus fördert. Es herrscht ein Klima, in dem jeder zuerst um sich selbst kreist. Werte wie Solidarität gehen verloren. Die Beziehungslosigkeit zeigt sich ihm schon darin, dass die modernen psychischen Krankheiten wie Magersucht und Borderline-Störungen beziehungsverweigernde Neurosen sind, während die früher üblichen Erkrankungen wie hysterische Neurose, Angstneurose und Herzneurose eher beziehungsstiftende Neurosen waren. In diesen Krankheiten ging es immer um die Beziehung zu anderen Menschen, während in der Magersucht die Beziehung verweigert wird.

## Verlust der Transzendenz

Ich bin davon überzeugt, dass auch der Verlust einer transzendenten Dimension Folgen für die Beziehung von Mann und Frau hat, ja eine wesentliche Gefährdung dieser Beziehung darstellen kann. Dies ist der Fall, wenn der Verlust der Transzendenz dazu führt, dass man sich zu sehr auf den anderen fixiert –, so sehr, dass man vom Partner oder der Partnerin etwas erwartet, was letztlich nur die Transzendenz zu geben vermag. Gespür für Transzendenz vermag die Beziehung zu entlasten. Wenn ich immer nur auf den anderen schaue, werde ich entweder zum Kontrolleur oder zum beobachtenden Analysierer – oder aber es wird langweilig. Damit eine Beziehung gelingt, darf man sich gerade nicht ständig anschauen, sondern muss gemeinsam in die gleiche Richtung blicken. Das meint: Man sollte entweder grundlegende Werte teilen oder gemeinsame Ziele im Blick haben. »Die gleiche Richtung«, das kann ein Projekt sein, wie etwa das Projekt der Familie mit Kindern. Oder es kann eine gemeinsame Aufgabe sein, die zwei Menschen auch innerlich verbindet. Aber auch solche Richtungen sind bald ausgeschöpft. Es

Dimensionen der Liebe

braucht noch mehr: eine Richtung, die nicht abgeschritten werden kann, die einen unendlichen Raum eröffnet. Das ist die Richtung der Transzendenz.

Der Schweizer Philosoph und Psychologe Jean Gebser bestätigt im Blick auf das Zeitphänomen des Materialismus diese Sicht und sei deswegen mit seiner Einschätzung noch angeführt. Gebser ist davon überzeugt, der Materialismus werde die Beziehungslosigkeit verstärken. Er schreibt: »Jede zu weit gehende Betonung der materiellen Seite des Lebens züchtet, ja überzüchtet die Egozentrik, bis sie schließlich in vollständige Beziehungslosigkeit ausartet. Ein Mensch aber, der zeit seines Lebens alle Erfahrungen, die er macht, nur dahin ausnutzt, seine Ichsucht zu steigern und zu befriedigen, schnürt sich selber von den echten Bezügen ab: von denen zum eigenen Wesen, von denen zum Mitmenschen, von denen zu den ewigen Werten.«

# Vier Dimensionen gelingender Beziehung

Ich möchte im Folgenden nicht tiefer auf die Gründe für die Beziehungslosigkeit eingehen. Ich will die Beziehungslosigkeit einfach beschreiben, wie sie mir begegnet, und zwar in den vier Bereichen, die dann auch positiv zu entfalten sind: in der Beziehung zu mir selber, zu den Dingen, zu den Menschen und zu Gott.

## Beziehung zu mir selber

Viele Menschen haben die Beziehung zu sich selbst verloren. Sie leben einfach nur so vor sich hin. Sie funktionieren. Aber sie spüren sich selbst nicht. Sie haben keine wirkliche Beziehung zu ihrem Leib. Ein Manager erzählte mir, er jogge täglich, um sich körperlich fit zu halten. Er behandle seinen Leib als Maschine, die geölt werden müsse. Aber eine wirkliche Beziehung zu seinem Leib habe er in den letzten Jahren nicht gespürt. Sein Ziel war: sein Leib soll so funktionieren, dass er es ihm ermöglicht, die Arbeit zu leisten, die ihm zugemutet wurde. Aber er wohnte nicht in seinem Leib. Er spürte ihn nicht. Er war nicht in Beziehung zu ihm. In der geistlichen Begleitung mache ich die Erfahrung, dass dies bei vielen der Fall ist: Sie gehen ihren spirituellen Weg an ihrem Leib vorbei. Aber dann verwandelt sie die Spiritualität auch nicht. Sie bleibt im Kopf hängen, hat aber keine Auswirkung auf den ganzen Menschen. Ein solcher Mensch spricht zwar von Spiritualität, aber seine Ausstrahlung ist nicht spirituell. Im Gegenteil – er strahlt oft genug seine verdrängten Aggressionen und Bedürfnisse aus.

Viele haben nicht nur die Beziehung zu ihrem Leib, sondern auch zu ihrer Seele verloren. Sie hören nicht auf die leisen Impulse ihrer Seele. Sie sind sich unsicher in ihren Gefühlen. Weil die Gefühle unklar sind, haben sie die Beziehung zu ihnen aufgegeben. Wenn ihr Herz reagiert, versuchen sie, es zu übergehen und rein rational auf Worte und Erlebnisse zu reagieren. Sie haben Angst, sich auf ihre Gefühle einzulassen. Sie ahnen: Die Gefühle würden sie in die eigene Wahrheit führen. Doch die will man lieber außen vor lassen – die ist zu anstrengend. Die Beziehungslosigkeit der eigenen Seele gegenüber hat oft in der Angst ihren Grund. Es ist die Angst vor sich selbst, die Angst, dass die Gefühle einem sagen könnten: So wie du lebst, stimmt es nicht. Du musst dein Leben ändern. Andere übergehen ihre Emotionen, weil sie Angst haben, als emotional und als zu weich abgestempelt zu werden. Doch die Psychologie weiß: »Wenn wir keine Emotionen mehr zulassen wollten, wenn wir versuchten, sie auszuschalten, dann wären wir Menschen, die sich nicht mehr betreffen lassen. Sich nicht mehr betreffen zu lassen würde heißen, sich nicht mehr zu spüren, aber auch, keine Verantwortung zu übernehmen.« So bringt es die Schweizer Therapeutin Verena Kast in ihrem Buch über Freude, Inspiration und Hoffnung auf den Punkt.

Gestörte Beziehungsfähigkeit zeigt sich auch im Umgang mit den Dingen. Vielen kommt heute das Gespür dafür abhanden. Die Inhaber von Hotels können ein Lied davon singen, wie unsensibel und rücksichtslos viele Gäste mit den Dingen umgehen. So fordern wir heute auch zu Recht Umweltschutz. Doch viele haben die Beziehung zur Umwelt, zur Schöpfung, verloren. Unser alter Schreinermeister, ein Mann von 80 Jahren, kam einmal in Tränen aufgelöst zu mir, weil Schüler seine Türe, die er liebevoll gestaltet hatte, mutwillig kaputtgemacht hatten. Er war untröstlich, wie man mit Holz so roh umgehen könne. Die Jugendlichen hatten keine Beziehung zu diesem Handwerksstück. Ja, sie hatten überhaupt keine Beziehung zu den Dingen. Für sie diente die Türe nur dazu, die eigene Aggression auszuleben. Aber sie nahmen sie nicht mehr als handwerklich geschaffenes Werk wahr. Ähnlich geht es vielen, wenn sie in der Natur sind. Auch beim Wandern sind sie nicht wirklich in Beziehung zur Natur. Das gilt nicht nur für unsensible Einzelne. Es gilt auch für gesellschaftliche Ansprüche. Wenn der Umweltschutz keinen Grund in der Beziehung zur Natur hat, dann wird er nur zu einem moralischen Appell oder aber rein rational begründet. Doch eine noch so vernünftig argumentierende Begründung wird den Schutz und Erhalt unserer Umwelt nicht gewährleisten. Daher braucht es zuerst eine Schule der Achtsamkeit. So können wir wieder in Berührung kommen mit den Dingen und mit der Natur und sie spüren. Wer die Natur spürt, geht auch achtsam mit ihr um. Und unsere Art mit den Dingen umzugehen, hat Auswirkungen auch auf der sozialen und zwischenmenschlichen Ebene.

*Beziehung zu anderen*

Wer keine Beziehung zu sich und zu den Dingen hat, der tut sich auch schwer in der Beziehung zu anderen Menschen. Auf der einen Seite sehnt ein solcher Mensch sich nach Beziehung. Er erhofft sich von einer guten Beziehung, dass er sich selbst spüren kann. Aber wenn er nicht in Beziehung zu sich selbst ist, wird er auch nicht wirklich in Beziehung zu anderen kommen. Psychologen beobachten, dass männliche Jugendliche mit 14 oder 15 Jahren, die keine Beziehung zu sich haben und unfähig sind, sich mit Mädchen vernünftig zu unterhalten oder mit ihnen zu flirten, sofort auf die sexuelle Beziehung aus sind. Sexualität ist der einzige Ort, an dem sie hoffen, aus dem Gefängnis des eigenen Ego herauszukommen. Doch auch ausgelebte Sexualität kann die Beziehung nicht wirklich herstellen, wenn Beziehungsfähigkeit nicht eine innere Haltung geworden ist. Wer sich selbst nicht spürt, ist unsicher in der Beziehung zum anderen. Er weiß nicht, wer er selbst ist. So traut er sich dann auch nicht, sich dem anderen zu zeigen. Er hat Angst, der andere könnte seine innere Leere wahrnehmen. Ich werde am Du, sagt Martin Buber. Doch wo kein Ich ist, kann auch keine Begegnung mit einem Du stattfinden. Es braucht bereits eine Ahnung um mich selbst, damit ich dem Du begegnen kann.

Die Beziehungsunfähigkeit in diesen eben beschriebenen Dimensionen ist eine Voraussetzung, um sich transzendenter Erfahrung zu öffnen. Wer weder mit sich noch mit anderen in Beziehung ist, wird sich auch schwer tun, mit Gott eine Beziehung aufzubauen. Wer sich selbst nicht spürt, vermag auch Gott nicht zu spüren. Schon Cyprian von Karthago meinte: »Du willst, dass Gott dich hört. Doch du selbst hörst dich ja gar nicht. Du willst, dass Gott an dich denkt, aber du selbst denkst gar nicht an dich.« Er gebraucht hier die lateinische Formulierung *memor esse*, gedenken, eingedenk sein. Gemeint ist eigentlich: »Du bist nicht in deinem Innern, in deinem Gedächtnis. Du bist nicht in Berührung mit dir selbst. Daher kannst du auch nicht in Berührung mit Gott kommen.« In geistlichen Gesprächen spüre ich oft die Sehnsucht der Menschen, Gott zu spüren, in Beziehung mit ihm zu treten. Doch zugleich beobachte ich auch hier die Angst, dass Gott sie enttäuschen könnte, wenn sie sich ihm öffnen. Oder die Angst, Gott könnte sich zurückziehen, wenn sie sich auf den Weg zu ihm machen. Sie übertragen die Unzuverlässigkeit, die sie beim alkoholkranken Vater gespürt haben, auf Gott: Auf ihn kann man sich genauso wenig verlassen wie auf den Vater. Also wagt man gar nicht, sich auf ihn einzulassen. Und da sie unsicher sind, wer sie eigentlich sind, wissen sie nicht, wen sie in die Begegnung mit Gott schicken sollen. Sie haben Angst, sich in ihrem inneren Chaos der Wirklichkeit Gottes auszusetzen. Denn dann würden sie sich ja auch selbst begegnen. Und diese Selbstbegegnung wäre zu schmerzlich. Sie würde all das Unklare, Chaotische und Unangenehme in der eigenen Seele offenbaren.

Für mich gilt als Grundsatz: Wenn ich mich selbst nicht spüre, kann ich auch Gott nicht spüren. Wenn ich nicht mit allem, was in mir ist, in Beziehung stehe, kann ich auch nicht in eine echte Beziehung zu Gott kommen. In der Beziehung zu Gott ist es nicht anders als in jeder anderen Beziehung, die wir eingehen: Wir sind im Ganzen gefordert. Wir können auch hier nicht nur unsere starken Seiten mitbringen und all die Seiten, die wir in uns selbst nicht anschauen möchte, aus der Beziehung zu Gott heraushalten. So kann keine Beziehung wachsen. Dann bin ich nur halb anwesend. Es kann nichts strömen zwischen Gott und mir. Beziehung verlangt also auch hier, dass ich alles in die Beziehung einbringe.

Wir wissen: Wenn ich nur mit meinem Kopf anwesend bin, wächst keine Beziehung, sondern höchstens ein interessanter Gedankenaustausch. Mit allem, was in mir ist, Beziehung aufzunehmen, das verlangt Ehrlichkeit und zugleich Demut. Denn ich muss mich von meinem Idealbild verabschieden und mich so annehmen und spüren, wie ich bin. Oft hat die Beziehungslosigkeit ihren Grund also darin, dass wir mit Vielem gar nicht in Beziehung treten wollen, weil es unserem Idealbild nicht entspricht, weil wir Angst haben vor der eigenen Menschlichkeit und Durchschnittlichkeit.

Andere tun sich schwer mit ihrer Beziehung zu Gott, weil sie »Beziehung« mit Gefühlen identifizieren. Sie wollen die Beziehung zu Gott spüren. Sie wollen die Gefühle, die sie einmal als Kind oder als Jugendlicher bei einem Gottesdienst oder an einem Weihnachtsfest hatten, noch einmal erleben. Sie beklagen sich, dass die Beziehung zu Gott leer geworden ist, dass sie nichts mehr spüren, wenn sie beten.

Die Beziehung zu Gott kann sich zwar in Gefühlen ausdrücken und in ihnen erfahrbar werden. Aber sie ist mehr als Gefühl. Sie ist da, auch wenn ich sie nicht spüre. So wie die Beziehung zu einem Freund immer besteht, auch wenn ich nicht an ihn denke oder gerade keine besonderen Gefühle habe. Die Beziehung zu Gott hat etwas mit Bindung und Treue zu tun. Ich bin bei allem, was ich tue und denke, auf ihn bezogen. Ich rechne mit ihm. Ich stelle mir vor, dass ich vor seinen Augen und in seiner Gegenwart lebe. Diese Gegenwart erlebe ich aber nicht immer als lebendig, sondern manchmal auch als leer, oder ich erfahre Gott als abwesend. Dennoch weiß ich, dass er da ist. Und ich beziehe mich auch in einer solchen Situation und Erfahrung auf ihn. Ich laufe nicht vor ihm davon. Aber ich setze mich auch nicht unter Druck, bestimmte religiöse Gefühle haben zu müssen.

# Unsere Beziehungen und unser Gottesbild

## Gottesbild und Selbstbild

Wenn wir über Beziehung und Spiritualität nachdenken, stellt sich schnell die grundsätzliche Frage nach dem Zusammenhang von Menschsein als personaler Beziehung und einem personalen Gottesbild. Dass Gottesbild und Selbstbild einander korrespondieren, ist eine Erfahrung, die ich in der geistlichen Begleitung immer wieder mache. Der Zusammenhang ist so einfach wie für den Einzelnen folgenreich: Wenn einer ein strafendes Gottesbild hat, hat er oft in sich auch eine Selbstbestrafungstendenz. Wenn er Gott als den kontrollierenden Gott erfährt, dann hat er oft in sich die Tendenz, sein Verhalten und seine Gefühle ständig unter Kontrolle zu halten. Auch die Frage nach der personalen oder apersonalen Gottesvorstellung und dem Selbstbild bzw. dem Bild des Partners taucht in diesem Zusammenhang auf und hat nicht selten Auswirkungen in der Beziehung.

Vor ein paar Jahren haben mich Psychologen zu einer Tagung eingeladen, um von mir als Theologen etwas über die christliche Spiritualität zu hören. Viele von ihnen hatten im Buddhismus gesucht, weil sie in ihrer christlichen Erziehung oft genug verletzt worden waren. Sie haben sich dagegen gewehrt, ständig als Sünder angesprochen zu werden. Doch nun spürten sie, dass sie ihre christlichen Wurzeln wieder entdecken sollten. Ein Therapeut gab dann aus seiner Praxiserfahrung eine interessante Beobachtung wieder: Manche seiner Klienten, die allzu sehr vom Einswerden und Verschmelzen mit dem Göttlichen schwärmten, würden damit nur ihre Beziehungsunfähigkeit religiös überhöhen. Sein Fazit: Sie sind nicht bereit, ihre Beziehungsunfähigkeit zu betrauern. Denn das Betrauern führt immer durch den Schmerz in den Grund der Seele. Doch diesem Schmerz wollten sie ausweichen, indem sie ihre Beziehungslosigkeit mit einem spirituellen Weg kompensiert haben. Die Kompensation verwandelt uns aber nicht. Sie hilft uns nicht, unsere Beziehungsunfähigkeit zu heilen oder mit ihr besser umzugehen. Sie ist eine Flucht vor der eigenen Not. Das Muster ist: Ich möchte mein Leiden an meiner Beziehungslosigkeit nicht eingestehen. Deshalb überspringe ich sie, indem ich mir vorstelle, ich sei schon eins mit Gott, ich würde mit ihm verschmelzen. Die Konsequenz ist dann nicht selten: Ich stelle mich mit dieser Vorstellung über die anderen. Ich verachte letztlich die, die die Beziehung zum Ehepartner oder zur Freundin nötig haben. Ich habe mich spirituell über diese Bedürftigkeit erhoben. Doch das Verschmelzen mit dem Göttlichen löst auch mein eigenes Personsein auf. Peter Schellenbaum warnt – im Einklang mit C. G. Jung – vor diesen ozeanischen Verschmelzungsgefühlen. Sie tun dem Menschen nicht gut. Statt an seinem Personsein zu arbeiten, lösen sich die Menschen in solchen Gefühlen auf und verlieren ihre eigene Identität. Oder sie machen daraus eine Ideologie, indem sie sagen: Es gibt kein Personsein. Wenn ich mit Gott eins werde, gibt es nur das reine Sein.

Ich halte das für gefährlich. Die Frage nach dem Gottesbild und seinem Zusammenhang mit dem Menschenbild ist also nur auf den ersten Blick abstrakt. Weil sie so weitreichende Konsequenzen hat, soll ihr im Folgenden etwas ausführlicher nachgegangen werden. Mit ihrer Klärung kann manches verdeutlicht werden, was für das Verständnis spirituellen Lebens und auch für die spirituelle Deutung von Beziehungen wichtig und folgenreich ist.

## Das apersonale Gottesbild

Viele Menschen, die im Bereich der buddhistisch geprägten Spiritualität gesucht haben, sprechen heute vom apersonalen Gottesbild. Gott ist für sie Energie. Er ist Liebe, Schwingung, das Feld, in dem ich lebe. Wenn ich im Folgenden vom apersonalen Gottesbild spreche, heißt das nicht, dass das keine Berechtigung hätte oder aus christlicher Sicht falsch wäre. Im Gegenteil: Eine solche Rede vom apersonalen Gott hat durchaus eine Berechtigung. Gott ist die Einheit aller Gegensätze. Er ist persönlich *und* überpersönlich, apersonal *und* transpersonal, aber zugleich ein Du, das mir gegenübersteht, das mich anspricht und herausfordert. In der christlichen Tradition haben wir vom Personsein Gottes manchmal so konkret gesprochen, dass wir ihn mit einer menschlichen Persönlichkeit verwechselt haben. Wenn manche sagen, wir hätten Gott zu Unrecht personifiziert, dann meinen sie eigentlich: Wir haben ihn vermenschlicht und mit einer menschlichen Person verwechselt. Ken Wilber spricht für viele, wenn er den Glauben an einen persönlichen Gott als eine Vorstufe zur eigentlichen Spiritualität ansieht und meint, »dass der Glaube an einen persönlichen Gott, der sich meiner Ego-Wünsche annimmt, wohl doch nicht so ganz gerechtfertigt ist; nichts spricht auf überzeugende Weise dafür, und jedenfalls kann man sich nicht darauf verlassen«. In einem solchen Verständnis, wie es in dem Wilber-Zitat deutlich ist, wird der persönliche Gott wie ein Mensch gesehen, an den wir uns wenden, damit er unsere egoistischen Wünsche erfüllt. Doch wenn Jesus von Gott als dem Vater spricht, meint er nicht diesen Gott, der die Ego-Wünsche erfüllt. Wir sollen zu diesem Gott vielmehr im Namen Jesu beten. Wir sollen unseren Egoismus loslassen. Das Beten zu Gott als einem väterlichen Du ist etwas anderes, als wenn jemand Gott zu benutzen versucht, um seine Wünsche durchzusetzen. Jesus spricht vom Du Gottes. Aber dieses Du dürfen wir uns nicht zu konkret wie einen gutmütigen alten Vater vorstellen. Wer das tut, wird Schwierigkeiten haben, dieses Gottesbild mit den Realitäten des Lebens in Verbindung zu bringen. Das Bild von einem guten Vater bringen wir nicht zusammen mit dem Tod eines unschuldigen Kindes oder dem Leiden in der Welt. Schon unsere konkreten geschichtlichen Erfahrungen zwingen uns also, Abschied zu nehmen von allzu konkreten, personalen Gottesbildern.

Aber dennoch: Diese Fragen nach dem Gottesverständnis sind alt und beschäftigen uns nicht erst seit heute oder seit der Begegnung mit dem Buddhismus. Schon die Kirchenväter haben leidenschaftlich um den personalen Gott gerungen und die Lehre vom überpersönlichen Gott bekämpft, den die Gnosis ihrer Zeit propagierte. Das Festhalten an der Personalität Gottes war für sie nie nur abstrakte Spekulation, sondern immer auch ein Ringen um die Würde des Menschen, um das Geheimnis des Menschen, der nicht nur irgendein körperlich-geistiges Wesen und Individuum ist, sondern eine einmalige und einzigartige Person. An der Personalität Gottes festzuhalten, bedeutet für sie – und das gilt bis heute – das Personsein des Menschen zu schützen. Die christlich-jüdische Tradition hat das Personsein des Menschen immer hoch geschätzt. Die Philosophen der Personalität waren meist Juden oder Christen. Martin Buber, Ferdinand Ebner und Franz Rosenzweig sind die bekanntesten Namen. In den fünfziger Jahren hat die christliche Theologie bzw. Philosophie die personale Philosophie Bubers aufgegriffen. Im Dialog mit dem Buddhismus ist es heute an der Zeit, in einer anderen – vielleicht psychologischeren und erfahrungsnahen – Sprache diese Theologie des Personalen neu aufzugreifen.

## Gott als Beziehung

Das Bild des dreifaltigen Gottes – Zentrum des personalen christlichen Gottesbildes – drückt dies so aus: Gott ist in sich Beziehung. Er ist Vater, Sohn und Heiliger Geist. Dass dieses Bild des dreifaltigen Gottes mit dem Selbstbild des Menschen zu tun hat, meint: Wir sind nicht nur die, die Gott gegenüber, der weit über uns im Himmel thront, gehorsam antworten und einfach akzeptieren müssen, was er uns befiehlt. Wir sind vielmehr als Menschen hineingenommen in die Beziehung zwischen Vater, Sohn und Heiligem Geist. In Jesu Antlitz wird die Personalität Gottes für uns alle sichtbar. Joseph Ratzinger hat in seiner »Einführung in das Christentum« in der Personalität Gottes die entscheidende Botschaft des Christlichen gesehen. Mit Pascal unterscheidet er den Gott Jesu Christi, den »Gott Abrahams, Gott Isaaks, Gott Jakobs, nicht der Philosophen und Gelehrten«. Gott ist eben nicht nur Denken, nicht nur die mathematisch durchdachte Welt. Er ist ein Du, das uns gegenübertritt. Auch die Theologie des Mittelalters hat versucht, das philosophische Gottesbild mit dem personalen Gott der Bibel miteinander zu verbinden. Gott ist für sie nicht in erster Linie Denken, sondern Liebe. Liebe ist etwas Personales. Sie strömt zum Menschen. Sie ist Beziehung.

Der Zusammenhang zwischen dem Ringen um die Personalität Gottes und dem Menschenbild wird klar: Wenn ich nur den Gott der Philosophen, das reine Denken, letztlich ein Neutrum, bekenne, dann fällt es mir auch schwer, mein eigenes Personsein auch als Beziehung zu entdecken. Wer Personsein nur als etwas Äußerliches sieht und als das Eigentliche die Auflösung der Person sieht, damit sie reines Sein wird, wird Probleme mit seinem eigenen Personsein haben. Ratzinger zeigt diesen Zusammenhang zwischen Gottesbild und Selbstbild bei den Griechen. »Das griechische Denken hat die vielen Einzelwesen, auch die vielen Einzelmenschen, stets nur als Individuen gedeutet. Sie entstehen infolge der Brechung der Idee durch die Materie. Das Vervielfältigte ist so immer das Sekundäre; das Eigentliche wäre das Eine und das Allgemeine. Der Christ sieht im Menschen nicht ein Individuum, sondern eine Person.« In diesem Überschritt von Individuum zu Person, geklärt im Ringen um die angemessenen Begriffe und Bilder für das Geheimnis des dreifaltigen Gottes, kam das Wesen der Person klarer zum Vorschein: »Begriff und Gedanke ›Person‹ sind dem menschlichen Geist nicht anders als im Kampf um das christliche Gottesbild und um die Deutung der Gestalt Jesu von Nazareth aufgegangen.«

Das Wesen des dreifaltigen Gottes ist also Beziehung. Vater und Sohn sind Beziehungsbegriffe. Sie sind aufeinander bezogen. Und Heiliger Geist meint die Beziehung an sich. Er ist Beziehungsgeschehen. Das Nachdenken über die Bezogenheit Gottes als wesentliche Aussage über Gott hat auch zu einem neuen Verständnis des Menschen geführt: Der Mensch ist von seinem Wesen her immer schon auf ein Du hin bezogen.

# Klärung im Dialog der Religionen

*Was ist Ziel des Menschseins?*

Heute, im Dialog mit den Weltreligionen, geht es darum: Die Kultur des Personalen und die Kultur der Interpersonalität, die die jüdische und christliche Spiritualität entfaltet haben, sollte im Blick auf die Beziehungsfähigkeit des Menschen neu bedacht werden. Die theologischen Auseinandersetzungen der Kirchenväter sind hier von bleibender Aktualität. Denn sowohl die Antike als auch der Buddhismus verstehen den Menschen als das Individuum, in dem sich der Geist, das Allgemeine vereinzelt. Der griechischen Philosophie geht es nicht um die Person, sondern um das Individuum, und auch der Buddhismus betont das allgemeine Sein. Das Ziel des Menschen ist demnach: sein Personsein aufzugeben und reines Sein zu werden, aufzugehen im Göttlichen. Im Dialog zwischen der buddhistischen und christlichen Mystik sehen wir genau hier einen zentralen Unterschied.

Auch der christlichen Mystik geht es um das Einswerden mit Gott. Aber in diesem Einswerden ist zugleich die Unterschiedenheit der Personen zu bedenken. Der Mensch wird mit Gott eins, so wie die theologische Tradition es von der Einheit der göttlichen und menschlichen Natur in Jesus beschrieben hat: »unvermischt und ungetrennt«. Aber wir verschmelzen nicht mit Gott und vermischen uns nicht mit ihm. Wir bleiben immer auch die Menschen, die mit Gott eins werden. Daher hat die christliche Mystik das Einswerden des Menschen mit Gott immer mit dem Einswerden von Mann und Frau verglichen, die ganz und gar eins werden und doch immer auch sie selber bleiben, die in der Ekstase der Liebe sich selbst überschreiten und sich im Einswerden als sie selbst und zugleich als Einheit neu erleben.

Wie können wir heute – im Blick auf die kurz skizzierten Konzepte – den Personbegriff verstehen? Im Tod des einzelnen Menschen befreit sich nach der antiken Philosophie – wie der Philosoph Max Müller das beschrieben hat – der Geist wieder aus der Materie »zu seiner grundsätzlichen Allgemeinheit, uneingeschränkten Ganzheit, Absolutheit und Göttlichkeit«. Für den christlichen Glauben aber, der den Menschen als Person mit einer unantastbaren Würde sieht, bleibt der Mensch auch nach dem Tod Person. Im Tod löst sich die Person nicht auf. Sie wird eins mit Gott. Personsein heißt in diesem Verständnis: von Gott angerufen sein. Der Mensch ist also nicht in erster Linie der Ort, an dem Gott sich ausdrückt, sondern eine Person, die von Gott angesprochen und gerufen wird, ein Gegenüber Gottes, das sich danach sehnt, mit diesem Gott, der es anspricht, eins zu werden.

Vertreter des Buddhismus sehen in dieser christlichen Sicht eine individualistische Egozentrik. Dieser Vorwurf ist ernst zu nehmen. Es gibt ja die Gefahr, dass die Person sich als absolut begreift und nur um sich kreist. Das Gewissen zeigt jedoch dem Menschen, dass er von seinem Wesen her immer auf andere Menschen und auf Gott bezogen ist. Wer die Person verabsolutiert, der erliegt in der Tat der Gefahr, die der Buddhismus im christlichen Personbegriff sieht. Insofern ist der Dialog mit dem Buddhismus durchaus eine Hilfe, das Wesen des Personseins heute neu zu beschreiben.

Die Frage ist, ob die östliche und die westliche Auffassung nur konträr zueinander sind, oder ob wir, ohne das Eigene aufzugeben, für unser Personverständnis von der ganz anderen Philosophie Asiens etwas lernen können. Der vergleichende Religionswissenschaftler Hans-Joachim Klimkeit bringt in einer Gegenüberstellung von asiatischem Verständnis des Menschen und personaler Philosophie des Westens zunächst einmal das Unterscheidende auf den Punkt: »Einem Buddhisten, der keinen personalen Gott kennt, ist die Begegnung mit einem Du ebenso wenig konstitutiv für seine Selbstverwirklichung wie die westliche Idee der Person für ihn bedeutsam ist. Gilt doch die Personalität für ihn von Hause aus als Zeichen der Unerlöstheit.«

Bevor wir nach den Konsequenzen dieser Auffassung fragen, ist zunächst im Sinne einer Differenzierung festzuhalten, dass selbstverständlich auch der Osten ein Verständnis für den Wert des einzelnen Menschen hat. Der chinesischen Philosophie des Taoismus geht es um den edlen Menschen. Der aber, so Klimkeit, »handelt gerade nicht im Gegenüber zu einem Du, sondern aus der eigenen Mitte heraus, und er sieht die Erfüllung seines Menschseins in der Findung einer solchen Mitte.« Zentral für den Hinduismus ist zwar, dass der Mensch »seine Identität mit dem Brahman erkennt, ... dass er selbst Brahman ist«. Doch auch der Hinduismus kennt die personale Beziehung zum personalen Ishvara, zu dem »als Person gefassten göttlichen Herrn«. Die Spannung zwischen diesen beiden religiösen Anschauungen ist allerdings nicht ganz klar. Die hinduistische Theologie versucht, so Klimkeit, »absolutes und personales Sein Gottes miteinander auszugleichen«.

Eine ähnliche Spannung finden wir im Buddhismus. Was wir im Westen Person nennen, das sind für den Buddhismus nur die fünf Daseinsfaktoren: Körperlichkeit, Empfindungen, Vorstellungen, Willensakte und Bestätigungen und Bewusstsein. Einen personalen Wesenskern im Sinn einer personalen Seele gibt es nicht. Es ist daher eine illusionäre Sicht, am Personenkern festzuhalten. Allerdings gibt es auch im Buddhismus eine Auffassung, der es nicht nur um Leerwerden geht, sondern darum, den Buddha im eigenen Geist zu verwirklichen. Die Erweckung des Buddha im eigenen Geist führt zur Selbstfindung, zu einer »Heimkehr zu sich selbst«. Doch dieses Selbst wird nicht in der Begegnung gefunden, sondern nur, wenn der Mensch das wahre Leben in der Tiefe des eigenen Selbst entdeckt und das eigene Ich preisgegeben wird. Nur dann wird der Mensch fähig zum »Großen Mitleiden«, wie es Buddha Amida gelehrt hat.

Was ist nun die Antwort der Christen auf diese asiatischen Auffassungen? Wo können wir von ihnen lernen? Wo ist Abgrenzung nötig? Zunächst einmal: Es gibt durchaus Ähnlichkeiten. Aber auch klare Unterschiede, die man sich vergegenwärtigen muss. Wer nach Ähnlichkeiten sucht, kann etwa das Wort Jesu zitieren: »Wer mein Jünger sein will, der verleugne sich selbst, nehme sein Kreuz auf sich und folge mir nach« (Mk 8,34). Auch der Christ muss das Ichhafte loslassen, damit er zu seinem wahren Selbst findet. Die Tiefenpsychologie C. G. Jungs unterscheidet zwischen einem Ich und einem Selbst. Das Ich will imponieren und sich in den Mittelpunkt stellen. Das Selbst ist der innerste Personenkern. Er ist durchlässig für Gott – oder wie der Buddhismus sagen würde, »für den zeitlosen Grund aller Dinge«. Statt sich in den Mittelpunkt zu stellen, soll der Christ in seine Mitte kommen, dort, wo Gott in ihm wohnt. Auch von ihm ist gefordert, sich in der Tiefe seiner Seele für Gott zu öffnen und alles egozentrische Kreisen um sich selbst loszulassen.

Aber bei aller Ähnlichkeit mancher Ideen halten wir Christen doch daran fest: Der einzelne Mensch ist von Gott angesprochen. Er soll nicht nur zum göttlichen Grund vorstoßen und sich in ihn hinein aufgeben. Er bleibt vielmehr als Person für immer von Gott angesprochen, auch über den Tod hinaus.

Eines können wir aber sowohl vom Taoismus, als auch vom Hinduismus und Buddhismus lernen: Wir dürfen die menschliche Person nicht absolut setzen. Das Ziel der

Person ist, sich auf das Du Gottes und der Menschen hin zu öffnen und das Pochen auf das eigene Ego aufzugeben. Zwei Gedanken sind es, die uns helfen können, uns vor der Absolutsetzung der Person zu bewahren.

Der *eine* Gedanke zielt auf die Beziehung zu anderen Menschen. Gerade Martin Buber hat die Bezogenheit zum anderen in seinem dialogischen Denken herausgestellt. Der Mensch wird er selbst am Du, in der Begegnung mit anderen Menschen. Wer nur um sich selbst kreist, der stärkt zwar sein Ego, aber er verfehlt sein Personsein, das gerade in der Offenheit für andere besteht.

Der *zweite* Gedanke zielt auf die Beziehung zu Gott. Da ist einmal die personale Beziehung zu dem Gott, der mich als Person anruft und ins Leben ruft. Ich bin in meinem Personsein immer schon auf Gott bezogen. Aber – und da müssen wir auf den buddhistischen Einwand antworten – Gott ist nicht nur Du, sondern auch das Geheimnis, das alles durchwirkt, die Liebe, die in allem west. Die Beziehung zu Gott ist daher nicht rein personal. Sie vollzieht sich auch, indem wir uns in Gott hinein vergessen, indem wir das eigene Ego übersteigen, um so eins zu werden mit Gott, uns von Gott durchdringen zu lassen. Der christliche Gedanke des Heiligen Geistes hat eine Entsprechung in der buddhistischen Idee vom Einswerden mit dem Göttlichen. Der Heilige Geist durchdringt uns. Er ist für die christliche Theologie auch Person. Und doch ist in ihm etwas von dem göttlichen Geist verwirklicht, von dem andere Religionen sprechen. In ihm öffnet sich der Mensch für das Göttliche, das ihn erfüllt und verwandelt. In der Einheit mit dem Heiligen Geist geht es nicht um Auflösung der Person, sondern um Sich-Öffnen und Sich-durchdringen-Lassen vom Geist Gottes. Das geschieht nicht nur in der Begegnung, sondern auch im reinen Sein, im Durchlässigsein für den Geist Gottes.

## Konkrete Folgen

Wenn wir vor diesem Hintergrund wieder zu den konkreten Fragen von Verhalten und Menschenbild, von therapeutischer Praxis und Spiritualität zurückkehren, so stellen wir fest: Es besteht die Gefahr, die eigenen neurotischen Lebensmuster zu überspringen, indem man sich nur auf den spirituellen Weg konzentriert und nur meditiert. Meditation ist ein guter Weg, nicht nur in der östlichen Spiritualität, sondern auch in der westlichen. Im Christentum haben die Mönche schon im 3. Jahrhundert – in Anlehnung an Meditationsformen in ägyptischen Priesterkreisen und an Kreise, die sich auf Pythagoras berufen – die Meditation geübt, in der man den Atem mit einem Wort aus der Bibel oder mit dem Jesusgebet verbindet. Die Meditation möchte uns in den inneren Raum der Stille führen, in dem Gott in uns wohnt. Aber wenn ich die Meditation benutze, um meine Probleme zu überspringen, wird sie nicht zu einem Weg der Verwandlung, sondern der Flucht. Die Psychologie spricht hier von Kompensation. Ich löse das Problem nicht, sondern gleiche es mit etwas anderem aus.

Heute gibt es gute Meditationslehrer – auch solche der östlichen Tradition –, die gerade davor warnen. Jack Kornfield, selbst buddhistischer Mönch und Meditationslehrer,

Dimensionen der Liebe

erlebte in seiner Zeit in Asien, dass viele aus dem Westen kamen, um durch Meditation ihre Probleme zu lösen. Doch für die meisten war, wie er sagt, »die Meditation in wesentlichen Bereichen ihres Lebens keine Hilfe. Viele hatten tiefe innere Wunden, waren neurotisch, voller Ängste oder traurig, und sie gebrauchten die spirituelle Praxis häufig, um problematische Teile ihrer selbst vor sich zu verbergen oder ihnen auszuweichen« (Kornfield 98). Richard Stiegler, transpersonaler Psychologe und Meditationslehrer, macht ähnliche Beobachtungen. Es ist immer eine Versuchung, die eigenen Defizite zu überspringen und sich sofort in die Leere des Bewusstseins zu flüchten. »Das kann jedoch in eine Sackgasse führen, die ich immer wieder bei Meditierenden beobachte. Eine Person, die beispielsweise sehr kontaktscheu ist, könnte für sich lieber eine schweigende Meditationspraxis wählen als Selbsterfahrungsgruppen, die mit Begegnung arbeiten. Das hat jedoch zur Folge, dass ihr problematisches Lebensmuster sich durch die Kompensation immer weiter verfestigt. Die Isolation nimmt zu statt ab und die Person verhärtet zunehmend.« Kompensation der Beziehungsunfähigkeit hilft nie weiter. Und so viel ist sicher: Der spirituelle Weg, der die Beziehungsprobleme überspringen möchte, führt nicht ans Ziel.

# Menschliche Liebe und göttliche Liebe

*Was Liebe ist*

Jeder Mensch sehnt sich danach, zu lieben und geliebt zu werden. Und jeder macht auf diesem Weg der Liebe Erfahrungen von Erfüllung und Enttäuschung, von Verzauberung und Verletzung, von Weite und Enge, von beglückender Ekstase und von leidvollem Aneinanderkleben. Das Ziel dieser Erfahrungen ist nicht, dass jemand kommt, der uns so liebt, dass unsere Sehnsucht nach Liebe für immer gestillt ist. Vielmehr wird jede Erfahrung einer großen Liebe die Sehnsucht nach Liebe neu anstacheln. Das Ziel unserer erfüllenden und enttäuschenden Liebeserfahrungen ist, dass wir Liebe sind, dass wir an die Quelle der Liebe gelangen, die in uns sprudelt und die uns niemand nehmen kann. Diese Liebe, die auf dem Grund unserer Seele da ist, ist mehr als Gefühl. Sie ist eine Qualität des Seins. Letztlich ist es die göttliche Quelle der Liebe, von der Johannes im ersten Brief schreibt: »Gott ist Liebe, und wer in der Liebe bleibt, bleibt in Gott, und Gott bleibt in ihm« (1 Joh 4,16).

Diese Liebe, die mehr ist als das Gefühl des Verliebtseins, nennt Johannes *agape*. Es ist eine reine Liebe, eine Liebe, die wie eine Macht ist, wie eine Kraft, die uns geschenkt wird, und wie eine Quelle, aus der wir schöpfen. Manchmal dürfen wir diese Liebe auf dem Grund unserer

Seele erfahren. Eine Frau erzählte mir, wie sie am Strand entlangging. Auf einmal war sie von einer ganz tiefen Liebe erfüllt. Aber diese Liebe bezog sich nicht auf einen Mann oder auf eine Frau. Es war Liebe zu allem, was ist. Sie hatte das Gefühl, in diesem Augenblick einfach nur Liebe zu *sein*. Was Johannes in seinem Brief schreibt, hat sie erfahren. Sie hat Gott als Liebe erfahren. Diese Liebe war mehr als ein Gefühl. Sie war ein Raum, in dem sie wohnte. Aber diese Frau hat diesen Raum der reinen Liebe erfahren, weil sie früher auch die konkrete Liebe zu einem Mann erlebt hatte. Die reine Liebe können wir nur spüren, wenn wir die vermischte Liebe zu einem Menschen erfahren, die uns mit der Quelle der göttlichen Liebe in Berührung bringt.

## Mehr als ein Gefühl

Vor einiger Zeit sprach ich in Taiwan mit einer buddhistischen Nonne und Zenmeisterin über die Erfahrung des inneren Raumes, die wir in der Meditation machen. Ich erzählte ihr, dass mich das Jesusgebet in den inneren Raum der Stille führt, der erfüllt ist von Liebe. Da meinte sie, Liebe sei zu anstrengend. Für sie sei es ein Raum der Leere, den sie in der Meditation erfahre. Im Gespräch wurde klar, dass sie Liebe mit Gefühl identifizierte. Doch Liebe ist mehr als Gefühl. Liebe ist eine Qualität des Seins. Johannes sagt, dass in jedem ein Raum ist, der von Liebe erfüllt ist. Durch die Erfahrung unserer brüchigen Liebe dürfen wir die mystische Erfahrung machen, dass in uns Liebe ist. Doch es genügt nicht, sich an dieser Liebe nur zu ergötzen. Sie will sich in der Liebe zu unseren Brüdern und Schwestern äußern. Freilich hat es wenig Sinn, einander zuzurufen: »Du musst deine Brüder und Schwestern lieben!« Solch ein moralisierender Aufruf hinterlässt in uns nur ein schlechtes Gewissen. Johannes wirbt anders für die Liebe zu unseren Brüdern und Schwestern. Die erste Begründung: »Wenn Gott uns so geliebt hat, dann schulden wir dieser Erfahrung von Liebe, dass wir einander lieben« (vgl. 1 Joh 4,11). Die Einheitsübersetzung spricht hier davon, dass wir einander lieben müssen. Doch Johannes spricht nicht von »müssen«, sondern von »schulden«. Wir sind es unserer Erfahrung von Liebe schuldig, dass wir selbst mit Liebe antworten. Die zweite Begründung: »Keiner hat Gott je gesehen. Wenn wir einander lieben, bleibt Gott in uns und seine Liebe ist vollendet in uns gegenwärtig« (1 Joh 4,12). Wenn wir einander lieben, dürfen wir Gott in uns erfahren. Und in unserer brüchigen und oft so armseligen Liebe haben wir teil an der vollkommenen und vollendeten Liebe Gottes, die auf dem Grund unserer Seele in uns ist.

## Die Quelle der Liebe

Unsere menschliche Liebe führt uns zur Quelle der göttlichen Liebe. Aber umgekehrt ermöglicht uns diese Quelle der Liebe in uns, mit unseren menschlichen Erfahrungen von Liebe anders umzugehen. Ein Beispiel: Eine Frau hat sich in einen Mann verliebt, der diese Liebe nicht erwidert. Sie fühlt sich zutiefst unglücklich. Doch wenn wir das

Wort des Johannes ernst nehmen, dann heißt das: Die Liebe, die ich im Verliebtsein in mir spüre, ist auch Gott. Und wenn ich diese Liebe spüre, dann bin ich in Gott. Es kommt gar nicht darauf an, ob der oder die andere meine Liebe erwidert oder nicht. Ich bin nicht davon abhängig, ob die oder der andere mich auch wieder liebt. Ich mache die Erfahrung von Gott, der in mir ist. Das Verliebtsein bringt mich also in Berührung mit der Quelle der göttlichen Liebe, die in mir strömt. Es wäre schön, wenn meine Liebe durch den anderen erwidert würde. Aber ich bin nicht ohne Liebe, wenn meine Liebe nicht beantwortet wird. Vielmehr kann noch die Enttäuschung zu einem Weg werden, nach innen zu gehen und die innere Quelle der Liebe in mir wahrzunehmen und zu genießen.

Verliebtsein bringt mich in Berührung mit der Liebe, die in mir ist. Aber Verliebtsein ist noch nicht die reine Liebe. Im Verliebtsein ist – so meint C. G. Jung – noch Projektion mit im Spiel. Ich projiziere meine Sehnsüchte in den anderen hinein. Ich liebe in der Frau, in die ich mich verliebt habe, letztlich mich selbst. Ich liebe das in mir, was in mir ist, was ich aber vernachlässigt habe. Die Frau, in die ich mich verliebt habe, erinnert mich an das Vernachlässigte und Übersehene in mir. Die Aufgabe für mich wäre also, dass ich das, woran die Frau mich erinnert, in mir bewusst wahrnehme und entfalte. Dann kann sich das Verliebtsein in Liebe wandeln. Der erste Schritt ist, dass ich unabhängiger von meinem Verliebtsein werde. Die Liebe, die ich zu dieser Person empfinde, bringt mich in Berührung mit dem Potenzial meiner eigenen Seele. Und so werde ich frei, diese Person so zu sehen, wie sie wirklich ist. Im Verliebtsein liebe ich letztlich mein eigenes Bild in der anderen Person. Von dieser Liebe gilt, dass sie blind macht. Denn ich sehe nicht die Person, sondern mich selbst in ihr. Wenn ich die Projektion zurücknehme, dann werde ich fähig zur wirklichen Liebe. Und dann bewährt sich auch die Liebe. Entweder ich spüre, dass ich durch das Verliebtsein nur geblendet wurde. Oder aber ich erlebe, wie mein Verliebtsein sich in eine dauerhafte Liebe wandelt. In beiden Fällen aber bringt mich das Verliebtsein mit der Quelle der göttlichen Liebe in Berührung, die in mir ist.

Eine andere Erfahrung macht dies ebenfalls anschaulich: Eine Ehefrau hat den Eindruck, dass die Liebe zu ihrem Mann sich erschöpft hat. Sie spürt in sich keine Liebe mehr. Alles ist nur noch Routine. Die Liebe, die sie sich von ihrer Ehe dauerhaft erhofft hatte, hat sich verflüchtigt. Ich kann nun darüber jammern oder ich kann betrauern, dass meine Vorstellung von Liebe nicht in Erfüllung gegangen ist. Das Jammern bleibt an der Oberfläche. Wenn ich aber den Mangel an Liebe betrauere, dann komme ich in Berührung mit der Quelle der Liebe, die unterhalb der verloren gegangenen Gefühle in mir ist. Gerade die Enttäuschung in meiner Liebe zum Ehepartner kann mich aufbrechen für die Liebe, die in mir ist. In dieser Liebe ist Gott selbst in mir. Die Worte aus dem Johannesbrief sind nichts, wofür ich romantisch schwärmen könnte. Es sind vielmehr Worte, die mir einen Weg zeigen wollen, wie ich mit meiner brüchigen und immer von Endlichkeit geprägten Erfahrung der Liebe im zwischenmenschlichen Bereich umgehen soll. Jeder von uns sehnt sich nach mehr Liebe, als ihm ein Mensch, sei es ein Freund, sei es der Ehepartner, sei es der Mitbruder oder der Arbeitskollege, je zu geben vermag. Nur durch das Betrauern dieser Fragilität, dieser Begrenztheit und Endlichkeit werden wir in den Grund unserer Seele gelangen und dort eine tiefe Erfahrung machen können: dass in uns die Quelle göttlicher Liebe strömt.

Neben der *agape*, von der Johannes spricht, kennen die Griechen noch andere Formen von Liebe: den *eros*, das ist die begehrliche Liebe, die mich zum anderen hinzieht, oder die *philia*, die Freundesliebe, die sich am Freund freut, so wie er ist. Agape, die reine Liebe, ist letztlich die göttliche Liebe. Sie ist mehr als Gefühl. Sie ist eine Kraft, eine Qualität des Lebens. Die Agape erlebe ich aber mitten *in* meiner erotischen Liebe und mitten *in* der Freundesliebe. Sie ist die Quelle, die auch die anderen Formen der Liebe speist. Durch mein Verliebtsein, durch eine erotische Liebe, durch die Liebe zu einem Freund oder einer Freundin komme ich also in Berührung mit der Quelle der göttlichen Liebe. Das Wissen darum entlastet mich und verhindert, dass ich meine Liebe zu einem Menschen mit Erwartungen überfrachte. Ich kann mich dann an dem, was der andere mir an begrenzter Liebe entgegenbringt, freuen. Denn sie muss mir nicht meine tiefste und letzte Sehnsucht erfüllen. Sie muss nicht alles für mich sein. Sie führt mich vielmehr zur Quelle der Liebe, die in mir ist. Johannes spricht davon, dass die Liebe, die wir uns gegenseitig erweisen, auf die göttliche Liebe in uns verweist und dass diese göttliche Liebe unsere menschliche Liebe vollendet, ganz macht, an ihr eigentliches Ziel bringt.

Es ist eine revolutionäre Theologie der Liebe, die Johannes entfaltet: Liebe ist der Ort, an dem wir Gott selbst erfahren können. In jeder menschlichen Liebe, auch wenn sie noch so brüchig ist, erfahren wir ihn. Ja mehr noch, in dieser brüchigen Liebe ist er in uns. Da kommen wir in Berührung mit dem Gott, der in uns wohnt.

So möchte uns Johannes zum einen eine neue Sicht der Liebe vermitteln. Statt zu jammern über das, was unerfüllt bleibt in unserer konkreten Liebeserfahrung, sollten wir uns von der begrenzten Liebe in die Quelle der unbegrenzten göttlichen Liebe führen lassen. Diese Sicht gibt unserer brüchigen Liebe ihre Würde.

Auf der anderen Seite zeigt uns Johannes auch, wie unsere Liebe gelingen kann. Wenn wir nämlich aus der Quelle der göttlichen Liebe schöpfen, die nie versiegt, verliert sich in uns die Angst, unsere Liebe könne versiegen, das Gefühl für den anderen werde sich verflüchtigen. Bei aller Brüchigkeit unserer Liebe: diese Quelle der göttlichen Liebe in uns versiegt nie. Wer sich dieser Quelle dankbar zuwendet wird auch fähig, wieder zu lieben. Die Liebe in der Partnerschaft gelingt mir leichter. Ich erwarte vom anderen keine absolute Liebe. Seine – begrenzte – Liebe verweist mich auf die grenzenlose Liebe auf dem Grund meiner Seele. Ich erwarte vom anderen nicht, dass er alle meine Sehnsucht erfüllt, sondern dass er mit dem, was er mir an Liebe erweist, in mir die Sehnsucht nach der Quelle der Liebe weckt, die in mir selber sprudelt. Diese Quelle der Liebe ist letztlich Gott.

Oft ist die Liebe wie eine Quelle in uns, die versiegt scheint. Doch es gibt Möglichkeiten, mit ihr in Berührung zu kommen. Dann steigt diese Quelle in uns hoch, so dass sie auch unser Bewusstsein durchdringt, unser Reden, Denken und Handeln prägt. Der Zugang zu ihr geht über die konkrete Erfahrung menschlicher Liebe. Wenn wir den manchmal verschlossenen Bruder, die schwierige Schwester, den unsympathischen Mitmenschen lieben, kommen wir in Berührung mit der göttlichen Quelle. Und wir kommen zu dieser Quelle durch die alltägliche Erfahrung unserer Liebe zum Ehepartner und seiner Liebe zu uns. Auch die begehrliche Liebe, in der wir uns vom anderen abhängig fühlen, in der wir immer um den anderen und seine erotische und sexuelle Liebeserfahrung kreisen, kann uns mit dieser Quelle der göttlichen Liebe in Berührung bringen.

Ein anderer Weg geht über die Erfahrung der Natur. Die Indios in Peru etwa sind davon überzeugt, dass uns auch durch einen Baum die Liebe Gottes zuströmen kann. Manche Menschen dürfen diese Erfahrung machen: Sie legen sich auf eine Wiese und fühlen sich von Liebe durchdrungen. Sie spüren, dass ihnen in den Blumen der Wiese, im zärtlichen Rauschen des Windes und im wärmenden Sonnenschein Gottes Liebe begegnet. Sie spüren, wie Gottes Liebe sie berührt und durchdringt.

Auch über die Worte der Bibel, die uns tief berühren, können wir an die Quelle der Liebe in der eignen Seele gelangen. Manchmal treffen sie uns im Herzen, so dass in uns die Liebe aufgeweckt wird, die auf dem Grund der Seele schlummert. Ich lasse das Wort aus Jesaja 43,4 in mein Herz dringen: »Weil du in meinen Augen teuer und wertvoll bist und weil ich dich liebe, gebe ich ganze Länder und für dein Leben ganze Völker.« Ein solches Wort lässt die Quelle der Liebe ins Bewusstsein dringen. Jesus hat offensichtlich so gesprochen, dass die Menschen durch seine Worte mit der Liebe in Berührung kamen, die schon immer in ihnen wohnte. Das wird für mich deutlich aus einem Wort aus Johannes 15,11: »Dies habe ich zu euch gesagt, damit meine Freude in euch ist und damit eure Freude vollkommen wird (wörtlich: angefüllt, aufgefüllt wird).« Oft genug droht diese Quelle jedoch zu versickern, weil wir so viel anderes auf sie gelegt haben: unsere Sorgen und Ängste, unsere alltägliche Oberflächlichkeit. Wenn nun das Wort Jesu uns trifft, dann lässt es diese Quelle, die nur auf dem Grund unserer Seele strömt, aufsteigen, so dass sie unser Denken und Fühlen verwandelt und mit Liebe erfüllt.

### Das spirituelle Potenzial entdecken

Wir brauchen spirituelle Erfahrungen von Liebe, damit unsere menschliche Liebe gelingt. Denn wenn wir alles von der Liebe eines Menschen erwarten, dann wird unsere Sehnsucht nie gestillt. Wir werden dann unzufrieden, unglücklich oder fordernd. Wir machen unserem Partner Vorwürfe, dass er uns zu wenig liebt, wir werfen ihm vor, dass wir seine Liebe nicht mehr spüren. Und je mehr wir

Dimensionen der Liebe

ihm Vorhaltungen machen, desto weniger spürt er auch in sich noch Liebe. Denn Vorwürfe wecken die Liebe nicht auf, im Gegenteil, sie vertreiben sie. Es gilt, sich einverstanden zu erklären mit der Durchschnittlichkeit der eigenen Liebe und der Liebe des Ehepartners. Wenn ich die Durchschnittlichkeit betraure, dann führt mich das Betrauern in den Grund meiner Seele. Und dort entdecke ich das große Potenzial an Liebe, das Gott mir geschenkt hat. Dann kann ich auf einmal die positiven Seiten der Liebe entdecken: Wir gehen fair miteinander um. Wir achten einander. Wir stützen einander. Wir sind einander treu. Das alles ist Ausdruck unserer Liebe. Wir können sie nicht immer in Gefühlen ausdrücken. Die Gefühle kommen und gehen. Doch die Liebe, die jenseits der Gefühle ist, die göttliche Liebe, die als Quelle unsere menschliche Liebe speist, bleibt immer. Von ihr gilt, was Paulus im Hohenlied der Liebe gesagt hat: »Die Liebe hört niemals auf« (1 Kor 13,8).

# Beziehung und der innere Raum der Stille

*Was Spiritualität bedeutet*

Vor Jahren lud mich die Caritas ein, einen Kurs für Eheberater mit dem Thema: »Spiritualität in der Eheberatung« zu halten. Die Psychologen waren zunächst skeptisch. Einige witterten einen unangemessenen Einfluss der Kirche auf ihre Arbeit. Und sie vermuteten in dem Titel einen unterschwelligen Vorwurf, dass sie zu viel Psychologie und zu wenig Spiritualität in ihre Beratung einbrächten. Als ich ihnen jedoch erklärte, was ich unter Spiritualität verstehe, erlebte ich eine große Offenheit und ein reges Interesse für dieses Thema. Spiritualität in der Beratung oder – von den Paaren her betrachtet – in Ehekonflikten bedeutet nicht, dass die Eheleute mehr beten sollten oder dass sie Gott bitten sollten, ihre Konflikte für sie zu lösen. Das wäre nur ein frommes Pflaster, das auf die Konflikte geklebt würde. Spiritualität bedeutet für mich vielmehr, dass jeder der Partner durch Gebet und Meditation in den inneren Raum der Stille vordringt, in dem Gott in ihm wohnt, in dem das Reich Gottes in ihm ist. Dort, wo das Reich Gottes in uns ist, sind wir frei von der Macht der Menschen, frei von ihren Wertungen und Urteilen, frei von ihren Erwartungen und ihren Vorwürfen. Dort sind wir heil und ganz. Dort kann uns niemand verletzen. Die Verletzungen des anderen können in diesen inneren Raum nicht vordringen. Dort sind wir ursprünglich und authentisch. Dort lassen wir uns nicht von den Bildern festlegen, die der Partner uns aufdrängt. Wir spüren das ursprüngliche Bild Gottes in uns. Das macht uns frei – auch gegenüber den Bildern des Partners. Und dort, wo das Reich Gottes in uns ist, sind wir rein und klar. Da ist der innerste Kern in uns nicht von Schuld infiziert. Auch wenn wir manches in unserer Ehe falsch gemacht haben, auch wenn wir schuldig geworden sind an uns selbst und am anderen, so gibt es doch einen Kern in uns, der von Schuld frei ist. Dieser Kern ermöglicht es uns, an unserer eigenen Identität festzuhalten.

## Erfahrung des Heilseins

Viele Ehepaare haben sich durch ständige Vorwürfe und Verletzungen gegenseitig wund gerieben. Da führt es nicht weiter, wenn sie ihre Verletzungen immer wieder durchsprechen und sie zu verstehen suchen. Es ist hilfreicher, wenn sie sich von den Verletzungen auf diesen inneren Raum zurückziehen, in dem sie noch heil und ganz sind, zu dem die Verletzungen nicht vordringen. In diesen Raum der Stille kann sich jeder Partner immer wieder zurückziehen, um mit sich in Berührung zu kommen. Dann kann er sich von dieser Erfahrung des Heilseins aus dem anderen zuwenden. Er wird dann nicht mehr jedes verletzende Wort persönlich nehmen. Er wird es als Ausdruck eigener Verletzungen des Partners anhören können, ohne gleich mit Vorwürfen reagieren zu müssen. Wenn ich mich selbst spüre, wenn ich in Berührung bin mit dem inneren Raum der Stille, in dem ich frei und heil bin, dann gehe ich unabhängiger in die Beziehung zu meinem Partner oder zu meiner Partnerin. Ich entwickle dann ein Gespür für die richtige Reaktion: ob ich mich lieber in diesen inneren Raum zurückziehe oder ob ich jetzt die Kraft habe, mich der Auseinandersetzung zu stellen und mit meinem Gegenüber zu klären, was da gerade abläuft.

In manchen Ehen beschuldigen sich die Partner gegenseitig, dass der andere an allem schuld sei. Oft fällt diese Schuldzuschiebung in eine seelische Struktur hinein, die schon von Kindheit an durch Schuldgefühle geprägt ist. Eine Tochter hörte von ihrer Mutter, dass die ihren Mann nicht geheiratet hätte, wenn sie nicht mit ihr schwanger gewesen wäre. Ihr wurde also die schwierige Ehe der Eltern angelastet. Ein Mann hörte immer wieder von seinen Eltern, dass seine Mutter seit seiner Geburt Ohnmachtsanfälle hatte. Ihm wurde also vermittelt, er sei schuld an der Ohnmacht der Mutter. Menschen, die mit so etwas konfrontiert werden, neigen dazu, sich für alles schuldig zu fühlen. Wenn nun der Ehepartner sie beschuldigt, wird dies alte Schuldgefühl reaktiviert. Man kann sich nicht wehren. Man fühlt sich dann einfach ganz und gar schuldig. Doch wenn ich mich ganz und gar schuldig fühle, lasse ich mir alles gefallen. Ich kann nicht für mich kämpfen. Ich bin ja selbst an allem schuld. Solches Schuldgefühl zerfrisst das eigene Selbstwertgefühl. Ich fühle mich wertlos, unwürdig, – eben schuldig. Da ist die Erfahrung des inneren Ortes der Stille, an dem ich rein und klar bin, ohne Schuld, makellos, unbefleckt – oder wie der Epheserbrief sagt: *sancti et immaculati* – heilig, heil und ganz, ohne Makel, tadellos (Eph 1,4). Die Erfahrung dieses schuldfreien inneren Kernes, meines wahren Selbst, das sich nicht schuldig fühlt, ist die Voraussetzung, meine Identität auch in einer solchen Ehe durchzuhalten.

## Missbrauch des Spirituellen

Spiritualität heißt also nicht, dass ich den Konflikten aus dem Weg gehe, indem ich in den inneren Raum der Stille flüchte. Dieser Raum der Stille ist nur eine Hilfe, die Probleme zu relativieren und richtig zu sehen. Eine Frau erzählte mir von ihrem Mann: Immer wenn sie mit ihm einen Konflikt hatte, reagierte er auf die gleiche Weise. Er ging in den Keller und meditierte dort. Das machte seine Frau nur noch wütender. Denn er vermittelte ihr damit ja: »*Du* hast Probleme. *Ich* nicht. Ich bin ganz in meiner Mitte. Ich löse das Problem durch Meditieren.« Der Mann merkte gar nicht, wie er sich dem Konflikt entzog und sich durch seine spirituelle Praxis über die Frau stellte. Die Frau hatte gar keine Chance, ihm ihre Wut und Enttäuschung auch nur sagen zu können. Der Mann hielt das für unreif. Alles müsse man spirituell lösen. Doch hinter dieser Ideologie stand die Weigerung, sich seiner eigenen Menschlichkeit zu stellen. Letztlich vermittelte er seiner Frau damit, dass sie an allem schuld sei, weil sie zu wenig spirituell sei. Sich so zu verhalten, ist ein Missbrauch der Spiritualität in der ehelichen oder freundschaftlichen Beziehung. Gegen Schuldgefühle können wir uns nur schwer wehren, weil keiner von uns völlig schuldlos ist.

Spiritualität will mich durchaus unabhängiger vom anderen machen. Sie bringt mich in Berührung mit mir selbst, mit dem inneren Raum der Stille. Aber in der Spiritualität stelle ich mich nicht *über* den anderen. Ich stelle mich vielmehr, wenn auch mit einer gewissen Distanz, der Auseinandersetzung. Ich befreie mich von dem Druck, alles ausdiskutieren zu müssen. Ich höre auf mein Gefühl, ob ich mich dem Vorwurf des Partners stellen soll oder ob ich ihn lieber als Ausdruck seiner momentanen Unzufriedenheit einfach stehenlassen soll. Spiritualität gibt mir den nötigen Abstand, um über die Verletzungen sachlich zu sprechen. Ich empfinde dann die Verletzung nicht als Ablehnung. Ich nehme meine Wunde wahr. Im Gespräch mit dem Partner oder der Partnerin kann ich dann klären, was mich so verletzt hat. Ich nehme wahr, ob da alte Wunden in mir angerührt worden sind oder ob die Verletzung nur Ausdruck der Ohnmacht oder ein Ausagieren der Kindheitswunden des Partners ist. Auf einer solchen Basis kann ich die Verletzungen klären, ohne mich ständig angegriffen zu fühlen und ohne mich permanent rechtfertigen oder verteidigen zu müssen.

## Tiefer in den Grund der Seele

Spiritualität in der Beziehung heißt nicht, dass ich mich immer vom anderen zurückziehe. Ich stelle mich meinen Gefühlen und meinen Bedürfnissen. Ich gebe meine eigene Bedürftigkeit zu. Ich bin bedürftig nach Anerkennung und Achtung und Liebe. Das wäre – spirituell ausgedrückt – Demut: der Mut, meine eigene Menschlichkeit und Bedürftigkeit anzuerkennen. Die spirituelle Aufgabe jedoch wäre, wie Richard Stiegler einmal sagt, dass ich die Vorstellung aufgebe, »dass Bedürfnisse gestillt werden müssen, um Erfüllung zu erlangen«. Ich muss erst den eigenen Mangel eingestehen, um dann tiefer in den Grund meiner Seele zu gelangen, in dem kein Mangel ist und der keine Unerfülltheit kennt. Doch der Weg führt immer durch den Mangel und durch den Schmerz, über die unerfüllten Bedürfnisse hindurch in den Grund der Seele, in den Raum, in dem ich heil bin und ganz, erfüllt und im Frieden mit mir selbst. Viele gehen lieber an ihren Bedürfnissen vorbei. Sie machen – wie die Amerikaner sagen – *spiritual bypassing*, spirituelle Abkürzung. Sie möchten ihre Probleme und ihren Schmerz über ihren inneren Mangel gleichsam überspringen, um sofort in den inneren Raum zu gelangen. Doch der Weg nach unten führt über die eigene Wirklichkeit.

*Rituale der Versöhnung*

Die spirituelle Dimension in der Beziehung drückt sich auch in Ritualen aus. Da sind einmal die täglichen Rituale, auf die sich ein Ehepaar geeinigt hat. Ein Ehepaar betet zum Beispiel jeden Abend gemeinsam ein Vaterunser. Die laut ausgesprochene und vom anderen gehörte Bitte: »Vergib uns unsere Schuld, wie auch wir vergeben unseren

Schuldigern« kann eine durch Streit gefährdete Atmosphäre wieder reinigen. Da muss ich nicht alle Konflikte des vergangenen Tages nochmals ausdrücklich durchsprechen und klären. Der Anspruch, alles Unklare klären zu müssen, kann ein Ehepaar auch überfordern. Das führt nicht selten dazu, dass man den Anspruch ganz fallen lässt. Ein gemeinsames Ritual wie das laut gesprochene Vaterunser öffnet für die Vergebung. Auch wenn sie vielleicht nicht in der Lage sind, dem anderen zu *sagen*, dass sie ihm vergeben: in der gemeinsamen Bitte geschieht Vergebung.

Ein Ehepaar kann auf Dauer nur zusammenleben, wenn die Partner bereit sind, einander zu vergeben. Ständig Vorwürfe und gegenseitige Aufrechnungen führen nicht weiter. Doch die Vergebung muss angemessen ausgedrückt werden. Ein Ehepaar erzählte mir, dass sie sich oft streiten. Mitten im Streit sagt dann die Frau zu ihrem Mann: »Aber *du musst* mir im Namen Jesu vergeben.« Das macht den Mann noch wütender. Da er gerade in Rage ist, hat er keine Lust zu vergeben. Ein anderes Ehepaar hat da ein klügeres Ritual entwickelt. Wenn ein Gespräch misslungen oder ein Missverständnis aufgetaucht ist, das die Stimmung im Haus trübt, dann wissen sie beide: Es hat wenig Sinn, die Probleme sofort zu besprechen. Wenn die Wunde gerade offen liegt, würde ein Gespräch nur dazu führen, noch mehr im Schmerz zu wühlen. Sie haben daher etwas vereinbart: Einer, der diese Situation gerne verändern möchte, zündet die Hochzeitskerze an. Das ist für den anderen ein Zeichen: die Bereitschaft zur Versöhnung und Verständigung ist da. Da wird der Partner nicht zu etwas gezwungen. Wenn das Licht der Hochzeitskerze auch seinen Groll vertrieben hat, ist er fähig, wieder mit dem Partner oder der Partnerin zu sprechen. Sie wollen dann auch nicht noch einmal alles von vorne erklären, was abgelaufen ist. Vielmehr können sie das Vorgefallene relativieren. Die Bereitschaft, gemeinsam um die Hochzeitskerze zu sitzen und sich auf das zu besinnen, was ihre Verbindung trägt, relativiert den Konflikt. Und sie können wieder vernünftig miteinander reden.

Paartherapeuten haben Versöhnungsrituale für Streitpaare entwickelt. Ein solches Ritual ist ein guter Weg, um Konflikte zu begraben. Beide verzichten, die früheren Verletzungen als Vorwurf gegen den anderen oder als Vorwand zu benutzen, nicht selber auf den anderen zugehen zu müssen. Aber auch die einfachen alltäglichen Rituale können Paaren helfen, ihre Beziehung zu vertiefen. Der gemeinsame Kirchgang am Sonntag, bei dem man gemeinsam sein Leben Gott hinhält, kann diese Wirkung ebenso haben wie die täglichen Rituale am Morgen und am Abend. Am Morgen ist es ein schönes Ritual, in der Segensgebärde den Ehepartner und die Familie zu segnen und den Segen in die Räume der Wohnung strömen zu lassen. Wenn ich so handle, werde ich dem Partner anders begegnen. Er ist nicht mehr der, der mich verletzt hat, sondern der, der unter dem Segen Gottes steht. Und wenn ich morgens in das Wohnzimmer gehe, dann hängt nicht mehr die negative Stimmung von gestern Abend im Raum, als das Gespräch keinen guten Verlauf nahm. Ich betrete vielmehr einen gesegneten Raum. Dann erlebe ich die Wohnung, in der wir gemeinsam leben, anders. Wir sind nicht allein mit unseren Stimmungen, mit unserem Auf und Ab.

Unsere Wohnung ist erfüllt vom Segen Gottes. Das ermöglicht uns ein anderes Miteinander. Wir müssen nicht alles selbst tun, damit das Miteinander gelingt. Unser gemeinsamer Weg steht unter dem Segen Gottes. Das gibt uns Vertrauen, dass unser Weg gut wird.

Das gemeinsame Vaterunser, das unsere Seele von den vergangenen Konflikten und Wortwechseln reinigt, ist auch ein gutes Abendritual.

Ein anderes Ritual, mit dem wir den Tag abschließen können: Wir halten mit offenen Händen unseren Tag Gott hin. Wir überlassen ihm das Urteil. Wir rechtfertigen uns nicht und beschuldigen uns nicht. Wir halten den Tag einfach so, wie er war, Gott hin. Dann können wir ihn loslassen. Oder aber wir überkreuzen die Arme über der Brust. Das ist ein Ritual, das jeder für sich allein macht. Aber dann spürt er, dass er nicht nur die Frau des Mannes oder der Mann der Frau ist, sondern dass er bei sich selbst sein darf, dass da dieser innere Raum der Stille in ihm ist, in dem Gott in ihm wohnt, wo die Sorgen und Probleme, die Konflikte und die Verletzungen keinen Zutritt haben. In diesem Raum der Stille kommt jeder mit dem ursprünglichen Bild in Berührung, dass Gott sich von ihm gemacht hat. So erlebt er eine innere Freiheit. Er freut sich über die Beziehung. Aber er spürt, dass er nicht nur aus der Beziehung lebt, sondern auch aus der eigenen Mitte heraus, dass er auch sein eigenes einmaliges Leben lebt.

Die Gebärde der überkreuzten Arme ist auch eine Gebärde der Selbstumarmung. Statt zu jammern, dass ich zu wenig Liebe vom Partner erfahren habe, umarme ich mich selbst. Ich umarme das Gegensätzliche in mir: das Starke und Schwache, das Gesunde und Kranke, das Geliebte und das Ungeliebte, das Heile und das Verletzte, die Fülle und den Mangel. Dann komme ich in dieser Selbstumarmung zur Ruhe. Und ich fühle mich in Gott selbst liebevoll umarmt.

# Sexualität und Spiritualität

*Gegenläufige Richtungen*

In der Geschichte der Spiritualität spielt die Sexualität immer eine wichtige Rolle. Es gibt in allen Religionen zwei gegenläufige Richtungen.

Die eine verteufelt Sexualität und sieht sie als Gegner der Spiritualität. Die Beschäftigung mit der Sexualität zieht nach dieser Auffassung unseren Geist von Gott ab. Daher muss man sie entweder unterdrücken oder doch so in Zaum halten, dass sie einen nicht von der Beziehung zu Gott abhält.

Die andere Richtung – im Buddhismus ist es die tantrische Richtung, im Christentum die mystische – sieht Sexualität als Quelle der Spiritualität. Die Sehnsucht der Sexualität geht auf die Ekstase. Und die eigentliche Ekstase, nach der sich der Mensch sehnt, ist die Ekstase in Gott hinein. Die Mystiker und vor allem die Mystikerinnen haben ihre Erfahrungen mit Gott und ihr Einswerden mit ihm oft in einer erotischen Sprache beschrieben. Sie haben die Sexualität in ihre Beziehung zu Gott integriert. Psychologisch betrachtet würde man sagen, sie haben die Sexualität sublimiert, auf eine höhere Ebene gehoben.

Ich möchte vor allem diese zweite Richtung befragen, wie weit sie uns im konkreten Umgang mit der Sexualität helfen kann, die Sexualität so zu leben, dass sie unsere Beziehung zu den Menschen und unsere Beziehung zu Gott intensiviert. Der Paartherapeut und Theologe Hans Jellouschek sieht in der Sexualität ein Transzendenzpotenzial. Wenn Menschen miteinander schlafen, wird dieses Transzendenzpotenzial nicht zufriedengestellt, sondern immer wieder neu geweckt. Die gelebte Sexualität weist über sich hinaus. Das ist keine Beeinträchtigung der Sexualität, sondern vielmehr eine Förderung. Das Problem ist, dass viele Eheleute die Sexualität überfordern. Sie ist für sie der einzige Ort, an dem sie sich transzendieren können. Aber diese Transzendenz geht nicht weiter auf Gott hin. Wer seine Sexualität so versteht, der ist darauf fixiert und erwartet von ihr, dass sie ihn über sich hinaus führt. Wilber meint in seinem Buch über Eros und Kosmos, im 19. Jahrhundert habe man die Sexualität in den Mittelpunkt des menschlichen Interesses gesetzt, weil man den Sinn für Transzendenz verloren habe. Da man das Gespür für das Geheimnis Gottes verloren hatte, wurde die Sexualität zum einzigen Geheimnis des Menschen. Man kreiste nur noch um sie. Wilber schreibt in seinem Buch »Eros, Kosmos, Logos«: »Die Sexualität bekam eine geradezu mystische Aura, ihr wurden ein Stellenwert, eine Macht und eine Autorität zugeschrieben, die weit über das hinausgehen, was man der Libido als solcher abgewinnen kann.« Wenn Sexualität zum Religionsersatz gemacht wird, ist sie überfordert. Man hat sich von den Fesseln einer rigiden Moralität befreit. Aber nun ist man in die Fesseln der Sexualität geraten, von der man sein Glück erwartet und es doch nicht so findet, wie man es sich erträumt hat.

Wenn wir um die Offenheit der Sexualität für die Transzendenz wissen, dann können wir sie so leben, dass sie uns selbst und den Partner nicht überfordert. Ich erlebe viele Ehepaare, die sich das Leben schwer machen, weil sie ständig um die Bedürfnisse der Sexualität kreisen. Die können aber bei Mann und Frau sehr verschieden sein. So mag ein Mann seiner Frau ständig den Vorwurf machen, sie verweigere sich sexuell, sie habe kein Gespür für seine Bedürfnisse. Die Frau fühlt sich hingegen oft bedrängt. Und je stärker sie sich bedrängt fühlt, desto mehr schützt sie sich durch Verweigerung und Rückzug. Nur wenn die Sexualität aus ihrer Monopolstellung herausgeholt wird, kann sie so gelebt werden, dass sie Mann und Frau gut tut und immer wieder zu beglückenden Erfahrungen führt. Wenn Sexualität gelingt, dann erleben sich Mann und Frau als eins miteinander. Dann spüren sie eine Dimension von Einklang, von Sich-Vergessen und Hingabe, die ihre Sehnsucht nach der Fülle des Lebens und nach Glück für einen Augenblick stillt. Doch man kann die Sehnsucht nicht ein für alle Mal stillen. Sie wird durch jede beglückende Erfahrung in der Sexualität wieder neu geweckt. Ich kann diese Sehnsucht nur angemessen leben, wenn ich sie nicht nur auf die Sexualität richte, sondern darüber hinaus auf die Wirklichkeit richte, die allein für immer die Sehnsucht nach Ekstase erfüllen kann. Das meint übrigens die spirituelle Tradition, wenn sie von keuscher Liebe, von keuscher Sexualität spricht.

## Die Bewertung von Lust und Askese

Die griechische Philosophie verstand die Lust als Antriebskraft zum Handeln, aber sah auch die Gefahr, dass sie den Menschen beherrscht. So wollte sie den Menschen zu geistigen und vernunftbestimmten Formen der Freude führen. In der frühen Kirche wertete man Lust eher negativ. Vor allem Augustinus versteht Lust als Zeichen des gefallenen Menschen. Dem gegenüber stellt er die Freude des erlösten Christen. Gegenüber dieser eher pessimistischen Sicht hat der nüchterne Theologe des Mittelalters, Thomas von Aquin, sehr positive theologische Aussagen über die Lust gemacht. Für ihn ist die Lust etwas Gutes, von Gott geschaffen. Die Lust hat den Drang, sich zu verwirklichen. Für Thomas gibt es keine wahre Freude, die nicht von einem Guten seinen Ursprung hätte. Thomas unterscheidet körperliche und geistige Lusterlebnisse, aber er trennt sie nicht. Beiden spricht er die gleiche Würde zu: »Daher ist auch das den Sinnen gemäße Gut ein Gut des ganzen Menschen.« Auch die körperliche Lust ist bei ihm ein »höchstes Gut«. Der Körper nimmt teil an dem Genuss, den die Seele von Gott haben kann. Weil Seele und Leib so eng zusammenhängen, »nimmt der Körper in gewissem Sinn teil an der Seligkeit, und er kann mit selbstloser Liebe geliebt werden«. Für Thomas ist also auch die sexuelle Lust ein Teil der Freude an Gott. Für

Thomas hat auch Jesus Lust empfunden. Denn er hat die ganze menschliche Natur angenommen. Ja, Thomas meint, Jesus habe größere Lust empfunden als wir, da »die Lust umso größer ist, je reiner die Natur und je sensibler der Körper ist«. Thomas glaubt, dass die Lust an Gott größer wird, wenn sie auch im Leib erfahren wird. Die rein geistige Lust braucht die Lust des Körpers zu ihrer eigenen Vollendung.

In der Psychologie hat vor allem Sigmund Freud sich auf einer anthropologischen Ebene mit dem Thema beschäftigt. Das Streben nach Lust ist für ihn zentral: Der Mensch strebt mit allen seinen Kräften nach Lust und möchte unter allen Umständen Unlust vermeiden. Allerdings kann der Mensch nicht immer Lust erfahren. Er muss sich in seinem Streben mit der Realität aussöhnen. Und das geht nur über die Erfahrungen des Sich-Versagens. Der alte griechische Begriff Askese wird hier von Sigmund Freud aufgegriffen. Freud meint, wer alle seine Bedürfnisse sofort befriedigen muss, wer jeder Lust sofort nachgibt, der wird kein starkes Ich entwickeln. Zur Selbstwerdung und zum Genießen von Lust gehört daher auch die Askese, der Verzicht auf kurzfristige Lust. Verzicht darf aber nicht zur Verteufelung von Lust führen, sondern möchte die Lust kultivieren und zu einer personalen Erfahrung machen.

In der Tradition christlicher Spiritualität gab es viele Tendenzen, die Lust eher negativ zu sehen. Nicht jede spirituelle Schule ist der optimistischen Sicht des Thomas von Aquin gefolgt. So wäre es heute wichtig, das Thema Lust und Askese neu zu bedenken. Askese darf nicht zur

Abtötung führen. Sonst macht sie den Menschen letztlich antriebslos. Es gibt auch eine Lust auf Askese. Wenn ich Lust habe, mein Leben selbst in die Hand zu nehmen und es zu gestalten, dann fördert auch dies das Lustempfinden des Körpers.

Friedrich Nietzsche rebellierte gegen ein lustfeindliches Christentum. Das Christentum habe den Menschen die Freude an der Lust geraubt und überall nur die Sünde gesehen. In seiner Rebellion gegen das Christentum, das er von seinem Vater, einem evangelischen Pfarrer, als einengend erlernt hat, hat Nietzsche eine tiefe Sehnsucht nach einer lebendigen Religion gespürt, nach einer Lust, die auch die Beziehung zu Gott prägt. Von dieser Lust, nach der er sich sehnt, ohne sie in seiner Krankheit selbst zur Genüge erfahren zu können, ruft er aus: »Alle Lust will – Ewigkeit! … – will tiefe, tiefe Ewigkeit.« Unter Lust versteht Nietzsche nicht das kurzfristige Erlebnis von Vergnügen. Er meint eine Erfahrung, die den ganzen Leib durchdringt, den Menschen in Leib und Seele vibrieren lässt und das Innerste erschüttert. Diese Lust hat in sich etwas vom Geschmack der Ewigkeit, letzlich etwas vom Geschmack Gottes. Sie weist über sich hinaus in eine religiöse Dimension. Wer die Lust mit allen Sinnen erlebt, der ahnt etwas von dem ewigen Gott, der allein unsere tiefste Sehnsucht nach Lust zu erfüllen vermag.

In der christlichen Tradition sind die beiden Begriffe Erotik und Sexualität oft miteinander vermischt worden. Beide wurden oft als Gegensatz zur *agape*, zur reinen Liebe, zur göttlichen Liebe verstanden. Vor allem der evangelische Theologe A. Nygren hat den Eros als unversöhnliche Alternative zur *agape* gesetzt. Die christliche Liebe – die agape – sei die Hinwendung zum Niederen, während die erotische Liebe zum Gleichgesinnten hingehe. Doch schon Thomas von Aquin hat beide immer zusammen gesehen. Vom Ursprung her sind Erotik und Sexualität nicht gleichzusetzen. Erotik humanisiert die Sexualität. Sie bezeichnet ihre geistig-sinnliche Dimension. Bei Platon verleiht der Eros dem Seelenwagen Flügel. Er ist also eine Kraft, die uns antreibt, nicht nur zum Menschen hin, sondern auch über ihn hinaus auf Gott hin. Aristoteles, der andere große griechische Philosoph, nennt den Eros die kosmische Kraft, die alles Gegensätzliche im Menschen eint und lustvoll alles Trennende zwischen den Menschen und im Menschen überwindet. Er ist die Kraft, die den Menschen antreibt, seine eigene Bedürftigkeit und seinen eigenen Mangel aufzufüllen und so ganz zu werden.

Das Alte Testament erzählt uns viele Erosgeschichten, so die Vertreibung von Adam und Eva aus dem Paradies oder die Liebesgeschichte zwischen Jakob und seinen beiden Frauen Lea und Rahel. Im Hohenlied der Liebe wird die erotische Liebe zwischen Mann und Frau in wunderbaren Bildern besungen. Das Neue Testament greift dieses Lied auf die erotische Liebe auf, wenn Johannes in seiner

Erzählung von der Begegnung mit Maria von Magdala und Jesus das dritte Kapitel aus dem Hohenlied gleichsam auf eine andere Ebene hebt. Die Auferstehungsgeschichte ist für Johannes eine erotische Geschichte, die Geschichte vom Sieg der Liebe über den Tod. Die christliche Tradition hat – vor allem seit Augustinus – die Erotik verdächtigt, sie sei Selbstliebe, sie sei sündiges Begehren des rein Körperlichen. Doch die Mystik hat die erotische Dimension der christlichen Spiritualität immer wieder betont. Heute wäre es sicher eine wichtige Aufgabe, Erotik und Spiritualität wieder miteinander zu verbinden, statt sie als Gegensätze zu sehen. Der Benediktiner und Moraltheologe Bernhard Stoeckle begründet dies: »Der gläubige Mensch kann mit seinem Gott nicht in Übereinstimmung leben, wenn er nicht alle guten Gaben Gottes zu würdigen weiß. Zu diesen Gaben gehört gewiss auch das Geschenk des Eros.«

## Tantrismus und Mystik

Im Tantrismus, einer im Hinduismus entstandenen Weltanschauung, der es um die Überwindung der Dualität und die Erfahrung der Einheit geht, wurden Techniken entwickelt, die Sexualität anzustacheln, ohne sie ganz auszuleben. Man hat die Sexualität gleichsam verfeinert und kultiviert, damit sie frei von Gier und zum reinen Ausdruck von Liebe, zur Darstellung der angestrebten Einheit wird. Im Christentum haben wir keine entsprechenden Techniken entwickelt. Die Mystik wusste zwar um die spirituelle

Dimension der Sexualität und sie hat die Erfahrungen des Einswerdens mit Gott in einer erotischen Sprache beschrieben. So spricht Mechthild von Magdeburg (1208–1282) vom Minnelager, das Gott der Seele bereitet. Sie benennt das Einswerden des Menschen mit Gott als »süße Umarmung« oder als »Kuss des Geistes«. Die niederländische Mystikerin Hadewijch von Anvers (1230–1260) schildert ihr Einswerden mit Christus wie das Einswerden von Mann und Frau in der sexuellen Liebe: »Er nahm mich ganz in seine Arme und drückte mich an sich. Mit all meinen Gliedern verspürte ich die volle Seligkeit seines Leibes nach der menschlichen Begierde meines Herzens.«

Die mystische Erfahrung ist offensichtlich eine erotische Erfahrung. Doch wie die Verwandlung der Sexualität in Spiritualität geht oder wie die Sexualität mit der Spiritualität verbunden werden kann, darüber finden wir in der mystischen Literatur keine konkreten Anweisungen. Es wäre aber heute sicher eine wichtige Aufgabe der Spiritualität, konkrete Wege aufzuzeigen, wie die Sexualität von Gier und Triebhaftigkeit befreit und zu einem menschlichen Ausdruck von Liebe werden kann. Dieser Weg geht nicht über die Verneinung oder gar eine Verteufelung der Sexualität. Die Bedingung ist, dass wir die Sexualität als gute Gabe Gottes annehmen. Aber es ist auch realistisch, um die Brüchigkeit unserer Sexualität zu wissen. Dass Sexualität gelingt, ist nicht selbstverständlich. Es gibt gerade auf diesem Gebiet sehr viele Verletzungen, nicht nur den sexuellen Missbrauch in der Kindheit, der ja eine der tiefsten Verletzungen darstellt, die einem Menschen widerfahren können. Es gibt auch in der gelebten Sexualität zwischen Mann und Frau in der Ehe oder in der Freundschaft immer wieder viele Verletzungen. Denn in der Sexualität komme ich dem anderen in einer Weise nahe, die alle Schranken überspringt. Wenn ich aber dem Menschen hart, gierig, süchtig oder triebhaft begegne und ihn nicht als Person respektiere, dann verletze ich ihn. So bräuchte es also eine Sexualität, in die ich meine ganze Liebe, meine Zärtlichkeit, meine Achtsamkeit und meine Ehrfurcht vor dem Geheimnis des anderen hineinlege. Und es bräuchte eine Erotik, die im Erleben menschlicher Nähe und Zärtlichkeit die erotische Nähe Gottes selbst erahnt und sich für Gottes unbegreifliche Liebe öffnet.

## Das Geheimnis des anderen

Alle Haltungen, die ich im Zusammenhang mit der Sexualität genannt habe, sind letztlich spirituelle Haltungen: Liebe ist das Ziel jeder Spiritualität. Über Achtsamkeit sprechen alle spirituellen Autoren, seien es christliche, buddhistische oder hinduistische. Ehrfurcht verbinden wir zunächst mit der Ehrfurcht vor Gott. Aber gerade in der Sexualität braucht es auch die Ehrfurcht vor dem Geheimnis des Menschen, den Respekt vor dem Geheimnis des anderen.

Aphra Behn, eine Schriftstellerin aus dem 17. Jahrhundert, sagte einmal: »Liebe hört auf, Spaß zu machen, wenn sie aufhört, ein Geheimnis zu sein.« Wenn ich in der sexuellen Liebe das Geheimnis des anderen Menschen vergesse, wird sie zu einer Gymnastikübung verkommen.

Nur wenn ich in der Hingabe an den anderen um sein Geheimnis weiß, wird wirkliche Hingabe gelingen. Um das Geheimnis des anderen zu wissen, ist letztlich Ausdruck einer tiefen Spiritualität. So verlangt die Sexualität schon von sich aus nach Spiritualität, damit sie auf Dauer Freude machen kann und nicht zum langweiligen Produzieren von sexuell erregten »Höhepunkten« wird. Die spirituelle Dimension der Sexualität besteht darin, dass ich in der Hingabe an den anderen immer darum weiß, dass es letztlich eine Hingabe an das Leben, an die Liebe schlechthin ist. Ich gebe mich diesem konkreten Menschen hin, ich werde eins mit ihm. Aber indem ich mit diesem Menschen eins werde, werde ich mit dem Grund allen Seins, mit dem Grund aller Liebe eins. Der jüdische Philosoph Walter Schubart hat das so ausgedrückt: »Jeder Liebesakt … ist ein Anlauf zur Vollkommenheit, ein Vorspiel der Wiederverschmelzung von Gott und Welt.« Gerade diese Offenheit der Sexualität für die mystische Dimension des Einswerdens mit Gott ist es, die dem sexuellen Akt die Aura des Geheimnisvollen verleiht. Und nur so bleibt er das Geheimnis, nach dem der Mensch immer wieder von neuem strebt. Wenn das Geheimnis wegfällt, läuft die Sexualität Gefahr, banal zu werden.

Der jüdische Theologe Shmuley Boteach hat ein Buch über »koscheren Sex« geschrieben. Er meint damit etwas Ähnliches. Für ihn kommt es nicht auf den Orgasmus an, sondern auf eine Sexualität, die personale Nähe und emotionale Intimität bringt. Darin liegt für ihn eine spirituelle Qualität. Der Würde des Menschen entspricht letztlich nur eine Sexualität, die diese spirituelle Qualität hat. In ihr

Dimensionen der Liebe

begegnen sich die Menschen ganzheitlich, mit ihrem Leib und ihrer Seele, mit ihren Emotionen, mit ihrem Herzen, mit ihrer spirituellen Sehnsucht. Indem die Menschen sich so begegnen, werden sie offen für Gott und offen für das Einswerden miteinander und mit Gott. Das Alte Testament hat noch sehr anschaulich um die spirituelle Dimension der sexuellen Liebe gewusst. Wenn Mann und Frau im sexuellen Akt miteinander eins werden, so beschreibt das Alte Testament das mit Erkennen. Sexualität ist also nicht nur sinnliche Befriedigung, sondern die höchste Form des Wissens. Für den Menschen des Alten Testamentes war das Erkennen, nach einer Formulierung des Alttestamentlers Herbert Haag, »das Entdecken des Partners als Mann oder Frau. In der Hingabe öffnen und erschließen sie sich dem anderen, im Erkennen erfahren sie seine Einmaligkeit in der tiefsten Tiefe seines Wesens.« Wenn der Mann im sexuellen Akt seine Frau erkennt, dann geht ihm ihr Geheimnis für einen Augenblick auf. Er kommt ihr nicht nur körperlich, sondern auch seelisch und geistig nahe. Er erkennt ihr Wesen und zugleich erkennt er sich selbst besser. Sexualität hat also für das Alte Testament mit Wissen zu tun. Es ist das Wissen um das Geheimnis von Mann und Frau. Dieses Wissen ist uns in einer christlichen Sexualmoral verloren gegangen, die Sexualität vor allem im Kontext von Sünde thematisiert hat.

Im Buch Genesis heißt es: »Darum verlässt der Mann Vater und Mutter und bindet sich an seine Frau, und sie werden *ein* Fleisch« (Gen 2,24). Die Faszination, mit der Frau ein Fleisch zu werden, ist so groß, dass der Mann die Beziehung zu Vater und Mutter zurückstellt und aus ihr ausbricht. Das sieht das Buch Genesis als Bestimmung von Gott her. Gott hat den Menschen als Mann und Frau erschaffen. Ja, der zweite Schöpfungsbericht drückt es so aus, dass Gott aus der Rippe des Adam seine Frau Eva geschaffen hat. Als Gott dem Adam seine Frau zuführt, jubelt Adam auf: »Dieses ist nun endlich Bein von meinem Bein und Fleisch von meinem Fleisch. Sie soll Männin (*ischah*) heißen, denn vom Mann (*isch*) ist sie genommen« (Gen 2,23). Beide gehören also von ihrem Wesen her zusammen. Das Alte Testament drückt das einmal durch den Namen aus, der die gleiche Wurzel hat, und durch das Entnehmen der Frau aus der Rippe des Mannes. Weil beide im Innersten zusammengehören, sehnen sie sich, wieder miteinander eins zu werden. In ihrer Einheit wird die ursprüngliche Einheit von Gott und Mensch wiederhergestellt.

Die Bibel antwortet mit diesem Bild auf den griechischen Mythos, den uns der Philosoph Platon überliefert hat: Die Menschen hatten ursprünglich eine Kugelgestalt und wurden von den Göttern aus Eifersucht entzwei gehauen. Seitdem irren sie umher und suchen ihre andere Hälfte. In der sexuellen Liebe steckt also letztlich die Sehnsucht nach Ganzheit als letzte Motivation. Der Mann fühlt sich allein nicht als ganzer Mensch. Der Frau geht es ähnlich. Wer – wie die Mönche – auf die gelebte sexuelle Beziehung zu einer Frau verzichtet, kann diese Erfahrung der Ganzheit daher nur machen, wenn er in sich die Einheit zwischen Mann und Frau lebt. Die Griechen sprechen hier vom androgynen Menschen, der in sich Mann und Frau verbindet. Und Dionysos Areopagita deutet das Wort »Mönch = monachos« von »monas = Einheit, Einssein«. Mönch ist demnach der, der in sich die ursprüngliche Einheit, von der der griechische Mythos erzählt, verwirklicht. Auch in der spirituellen Auffassung des Mönchtums klingt also der alte Mythos nach, dass der Mensch nur ganz wird, wenn er mit der Frau eins wird. Wenn er nicht sexuell mit ihr eins werden will, muss er zumindest in sich Mann und Frau, *anima* und *animus* miteinander verbinden.

## Sexualität und Spiritualität im Neuen Testament

Viele meinen, das Neue Testament würde wenig Hilfreiches zum Thema Sexualität und Spiritualität sagen. Doch wenn wir die Briefe des hl. Paulus und das Johannesevangelium vor dem Hintergrund dieser Spannung zwischen Sexualität und Spiritualität lesen, werden wir durchaus erstaunliche Aussagen entdecken. Im Johannesevangelium spricht Jesus immer wieder vom Wohnen und Bleiben (*menein*): »Wer in mir bleibt und in wem ich bleibe, der bringt reiche Frucht; denn getrennt von mir könnt ihr nichts vollbringen« (Joh 15,5). Und er fordert uns auf:

»Bleibt (wohnt) in meiner Liebe!« (Joh 15,9.) Wenn zwei Menschen einander lieben, sprechen sie auch davon, dass einer im Herzen des anderen wohnt. Und als Höhepunkt dieses Wohnens im anderen erleben sie den sexuellen Akt, wenn der Penis in die Scheide der Frau eindringt, in ihren intimsten Bereich. Die Worte Jesu sind erotisch gefärbt. Sie nehmen die erotische Erfahrung zum Anlass für das Ziel des Glaubens: in Jesu Liebe zu wohnen, in dem intimsten Bereich seines Herzens Wohnung zu nehmen.

Man hat Paulus oft ein zwiespältiges Verhältnis zur Sexualität vorgeworfen. Doch wenn wir seine Sätze vor dem Hintergrund des korinthischen Umfeldes lesen, enthalten sie erstaunliche Aussagen über die Beziehung zwischen Sexualität und Spiritualität. Die Korinther meinen, dass wir dem Leib einfach geben sollen, was er braucht. Wenn er Hunger hat, sollen wir essen. Wenn er sexuelle Bedürfnisse hat, sollen wir sie stillen. Dagegen wehrt sich Paulus. »Der Leib ist nichts Nebensächliches, er gehört wesentlich zum Personsein des Menschen hinzu.« Das hebt der Exeget Hans J. Klauck in seinem Kommentar zum Korintherbrief hervor. Paulus argumentiert also nicht mit Leibfeindlichkeit, sondern mit Leibfreundlichkeit. Der Leib ist ein wichtiger Ort der Gotteserfahrung. Mit unserem Leib, mit unserer ganzen Person gehören wir Christus. Daher können wir unseren Leib nicht aus unserer Beziehung zu Christus und zur christlichen Gemeinde, die ja auch der Leib Christi ist, herausnehmen. Die Korinther argumentieren, dass das Ausleben der Sexualität unsere Beziehung zu Christus gar nicht berührt. Mit dieser Argumentation haben damals die Korinther ihre großzügige Einstellung

Dimensionen der Liebe

gegenüber der weit verbreiteten Prostitution gerechtfertigt. In Korinth gab es viele Dirnen. Und manche Christen meinten, wenn sie zu einer Prostituierten gingen, hätte das überhaupt keine Auswirkung auf ihre Beziehung zu Jesus Christus und zur christlichen Gemeinde als dem Leib Christi. Paulus hält dagegen an der Würde des Leibes und seiner Beziehung zu Jesus Christus fest. Die Sexualität ist Ausdruck des Leibes und damit Ausdruck der ganzen Person des Menschen. Meine Beziehung zu Christus betrifft auch meinen Umgang mit dem Leib. Daher berührt meine Spiritualität auch meinen Umgang mit der Sexualität. Nur wenn ich meine Sexualität ganz personal lebe, wenn meine ganze Person sich mit ihrer Liebe darin ausdrückt und den anderen als Person meint, lebe ich sie angemessen. Wer von seiner Sexualität beherrscht wird, lebt sie nicht als Person. Die innere Freiheit und die Freiheit vom Ego gehören zur erfüllten Sexualität. Das sind aber letztlich spirituelle Haltungen: Die sexuelle Hingabe an den anderen ist nur möglich, wenn ich mein Ego loslasse, mich ganz an den anderen und in den anderen hingebe und mich so in die Liebe und letztlich in Gott hinein hingebe.

# Was die Liebe stärkt

# Elemente einer spirituellen Beziehungskultur

Im ersten Teil habe ich über die Beziehungslosigkeit als die Krankheit des heutigen Menschen nachgedacht. Die Frage ist aber nicht nur, was unsere Beziehungen gefährdet. Wichtig ist auch, was sie fördert. Ich möchte einige Themenbereiche, die in jeder Ehe und in vielen Paarbeziehungen eine Rolle spielen, anschauen. Ich will und kann auch diese Themen nicht systematisch abhandeln und will auch nicht so tun, als ob ich für alle Spannungsfelder eine Lösung wüsste. Ich möchte sie allerdings ansprechen und die Gedanken weitergeben, die mir für die Skizzierung einer positiven Beziehungskultur wichtig erscheinen.

Zunächst geht es um die Frage, was Spiritualität in der Beziehung überhaupt meint. Erschöpft sie sich darin, dass die beiden Ehepartner im gleichen Glauben oder einer gemeinsamen religiösen Praxis beheimatet sind? Ist Spiritualität ein frommes Pflaster auf die ehelichen Konflikte? Ist sie mehr als die Forderung, einander zu lieben und sich zu vertragen und zu ertragen? Würde sie sich darauf beschränken, wäre sie nicht viel mehr als ein moralisierendes Postulat. Ein äußerer Ordnungsrahmen, wie ihn die Ethik einfordert, kann durchaus eine Hilfe sein, damit die Ehe oder eine verbindliche Partnerschaft gelingt. Aber Spiritualität in der Beziehung meint mehr.

In einer kleinen Skizze mit dem Titel »Wenn Herr K. einen Menschen liebte« hat Bertolt Brecht auf den Punkt gebracht, was Beziehungen oft scheitern lässt: »Was tun Sie«, wurde Herr K. gefragt, »wenn Sie einen Menschen lieben?« »Ich mache einen Entwurf von ihm«, sagte Herr K., »und sorge, dass er ihm ähnlich wird.« »Wer? Der Entwurf?« »Nein«, sagte Herr K., »der Mensch«. Sich ein Bild vom anderen zurecht zu zimmern, seine eigenen Vorstellungen in den anderen Menschen hineinzuprojizieren, ist der Tod einer Beziehung. In der Spiritualität geht es gerade um das Aufbrechen von solchen ichbezogenen Fixierungen. Es geht dabei letztlich darum, sich für das zu öffnen, was unseren Alltag übersteigt, was über unser menschliches Leben hinausweist, und darum, Gott zu suchen. Gott ist immer der Unbegreifliche. Wir Menschen brauchen Bilder, um überhaupt von ihm sprechen und eine Beziehung zu ihm aufbauen zu können. Aber zugleich wissen wir, dass er jenseits aller Bilder liegt. Das Alte Testament kennt das Verbot, sich von Gott ein Bild zu machen. Es ist für mich ein spirituelles Element in der Beziehung, dass wir uns auch vom Partner kein Bild machen. Natürlich haben wir ein Bild, eine Vorstellung vom anderen in uns. Und wir machen uns täglich neue Bilder von ihm. Spiritualität meint jedoch, dass wir den anderen nie auf ein Bild festlegen, dass wir immer darum wissen, dass der andere mehr ist als die Bilder, die wir von ihm in uns tragen. Im anderen ist etwas, was unserem Zugriff entzogen ist. Die Beziehung zum Partner oder zur Partnerin

bleibt nur lebendig, wenn wir unsere eigenen Bilder überspringen und offen sind für das bildlose Geheimnis des
anderen. Wenn ich den anderen auf ein Bild festlege, wird
es bald langweilig mit ihm. Ich kenne alle seine Verhaltensweisen, habe für jedes Wort und jedes Verhalten des
anderen eine Erklärung.

Die Bildlosigkeit in der Beziehung ist die Voraussetzung, dass ich neugierig bleibe auf den anderen, offen für
sein Geheimnis. Max Frisch hat das als das Geheimnis
wahrer Liebe entdeckt. »Die Liebe befreit aus jeglichem
Bildnis«, schreibt er in seinem ersten Tagebuch. Und seine
Tochter Ursula Priess, die diesen Satz zitiert, fügt im Buch
über ihren Vater – das auch ein Buch ist über die Schwierigkeit ihrer Beziehung zu ihm – hinzu: »Einzig in der
Liebe ist es möglich, sich kein Bild zu machen.«

Das Johannesevangelium drückt diesen Aspekt der
Liebe in der Auferstehungsgeschichte aus. Als Maria von
Magdala den Auferstandenen erkennt und ihn umarmt,
sagt Jesus zu ihr: »Halte mich nicht fest; denn ich bin noch
nicht zum Vater hinaufgegangen« (Joh 20,17). Im Bild halten wir den anderen fest. Aber in jedem ist etwas, das unserem Zugriff entzogen ist. Biblisch gesprochen: Es ist
das, was zum Vater aufsteigt, das, was den anderen auf
Gott hin öffnet. Es ist die spirituelle Dimension in jedem
von uns. Es gibt etwas in uns, das der andere nicht festhalten kann. Es entzieht sich jedem Zugriff. Es ist etwas
Göttliches, das bei Gott daheim ist. Nur wenn wir um
diese Dimension wissen, bleibt eine Beziehung auf Dauer
lebendig.

## Gottesbild und das Bild vom Partner

Im ersten Teil haben wir die Beziehung zwischen dem Gottesbild und dem Selbstbild beschrieben. Mein Gottesbild korrespondiert aber nicht nur mit meinem Selbstbild, sondern auch mit dem Bild, das ich mir vom Partner oder der Partnerin mache. Wenn ich ein strafendes Gottesbild habe, wird sich das auf meine Beziehung zur Partnerin auswirken. Ich bin dann in Gefahr, ständig zu moralisieren, ihr vorzuhalten, dass eine Ehefrau sich als Christin so und so verhalten müsse. Oder ich vermittle ihm Schuldgefühle, wenn er mich verletzt oder meine Bedürfnisse nicht erfüllt. Wenn ich das Bild eines Buchhaltergottes habe, wird sich das auch auf das Bild der Partnerin legen. Ich beurteile sie dann nach dem, was sie einbringt in die Ehe, nach ihrer Arbeit im Haushalt und für die Kinder. Aber ich übersehe sie selbst in ihrer einmaligen Person und mit ihren Gefühlen und Bedürfnissen. Das Bild des Willkürgottes wird in mir auch ein Misstrauen gegenüber der Partnerin hervorrufen. Ich habe das Gefühl, dass ich mich nicht auf sie verlassen kann, dass sie anders redet und anders handelt, dass sie ständig von irgendwelchen Launen heimgesucht wird und dass ich nie weiß, woran ich bei ihr bin.

So sind gesunde Bilder von Gott auch die Bedingung dafür, den Partner richtig zu sehen. Das Bild des barmherzigen und liebenden Gottes wird mir auch die Augen öffnen für die Liebe, die mir der Partner oder die Partnerin entgegenbringt. Aber auch die positiven Bilder von Gott müssen immer wieder überstiegen werden. Und so muss ich auch die guten Bilder, die ich vom Partner habe, immer wieder loslassen, um mich dem Geheimnis des anderen zu öffnen und diesen einmaligen Menschen zu lieben – nicht nur ein Bild von ihm. Die Therapeutin Bärbel Wardetzki meint, heute sei die narzisstische Liebe weit verbreitet. In der narzisstischen Liebe liebe ich immer das eigene Bild im anderen. Ich berühre und liebe nicht den anderen, sondern letztlich immer mich selbst: »Eine narzisstische Liebe dient der Erhöhung des eigenen Selbstwertgefühls. Deshalb sind die Partner auch oft so schnell austauschbar.« Wenn sie nicht mehr mein eigenes Selbstbild erhöhen, dann suche ich die nächste Partnerin, in deren Glanz ich meinen eigenen Glanz den Menschen zur Schau stelle.

*Lebendigkeit erfahren*

Spiritualität will mich für Gott öffnen. Der Gott, den Jesus verkündet, ist aber ein Gott des Lebens. Im Johannesevangelium sagt er von sich: »Ich bin gekommen, damit sie das Leben haben und es in Fülle haben« (Joh 10,10). Spiritualität zeigt sich also in der Beziehung dort, wo sie voller Lebendigkeit ist. Das kann man auf unterschiedliche Art und Weise sehen. Einmal kann man sagen, dass die Offenheit für Gott die Beziehung zwischen Mann und Frau lebendig hält. Beide ersticken nicht in der Enge ihres eigenen begrenzten Horizontes. Sie leben vor dem offenen Horizont des Himmels, vor dem offenen Horizont Gottes. Zum anderen kann man aber auch sagen: Überall dort, wo ein Ehepaar in der Beziehung zueinander Lebendigkeit erfährt, wo die Ehepartner phantasievoll miteinander umgehen, wo die erotische und sexuelle Dimension ihres Lebens voller Phantasie, Kreativität und Lust ist, dort erfahren sie auch Gott als die Tiefe ihrer Lebendigkeit.

Das Leben, das Jesus uns im Johannesevangelium verheißt, nennt er selbst »ewiges Leben«. Das ewige Leben ist nicht erst das Leben, das uns nach dem Tod erwartet. Es ist vielmehr das Leben, in dem *jetzt* schon Zeit und Ewigkeit zusammenfallen. Diese Qualität des Lebens kann ich wahrnehmen, indem ich versuche, achtsam und ganz im Augenblick zu sein. Viele Beziehungen kranken daran, dass der Partner nicht beim anderen ist, sondern noch bei seiner Arbeit oder bei den Sorgen, die er sich um die Zukunft macht. Lebendig wird eine Beziehung durch Achtsamkeit. Das bedeutet: Ich achte auf mich, auf meine Gefühle und Regungen. Und ich achte auf die Regungen und Bedürfnisse des anderen. Ich spüre mich in ihn hinein. Ich lege ihn nicht fest auf ein Bild, sondern bin bereit, mich in sein Inneres zu versetzen, mir vorzustellen, wonach er sich sehnt, wie es ihm geht, was er fühlt. Achtsamkeit ist heute einer der wichtigsten spirituellen Begriffe. Alle geistlichen Autoren mahnen uns zur Achtsamkeit: Gott, dem Augenblick und dem Mitmenschen gegenüber. Es gilt, diese Achtsamkeit auch in der Beziehung zum Partner zu üben. Achten hat mit Wachen zu tun. Wir schlafen oft. Wir haben uns eingelullt mit irgendwelchen Vorstellungen vom Leben und vom anderen. Achtsam leben heißt: aufwachen, die Augen aufmachen und den anderen so anschauen, als ob man ihn noch nie gesehen hat. Es bedeutet: jemanden nicht nur mit äußeren Augen anzuschauen, sondern mit den Augen des Herzens.

Ein anderer spiritueller Begriff ist der der Intuition. Intuition kommt von *intueri*, nach innen schauen. Ich brauche die Intuition, um in mir zu spüren, was für mich stimmig ist. Aber die Intuition hilft mir auch, Zugang zu den tieferen Schichten des anderen zu bekommen. Wir sind auch in der Partnerschaft oft in Gefahr, nur das Äußere zu sehen, unsern Partner nur nach seinem Verhalten zu bewerten, etwa danach, ob er gespült und aufgeräumt hat oder ob er den Rasen gemäht und die Spülmaschine repariert hat. Intuition braucht Zeiten der Stille, damit ich ohne Vorurteil auf den anderen schaue und in ihn hineinschaue. Dann komme ich in Berührung mit den inneren Bildern, die in seiner Seele ruhen und die seinem wahren Wesen entsprechen. Ich werde frei von meinen Vorurteilen und von meinen Projektionen und habe Zugang zum Herzen des anderen. Das gibt der Beziehung eine neue Dimension.

Der hl. Benedikt beschreibt das, was die heutige Spiritualität und Psychologie Intuition nennen, als »das Schauen Christi im anderen«. Die Mönche – so fordert Benedikt – sollen in jedem Bruder und in jeder Schwester Christus sehen. Sie sollen ihn nicht festlegen auf sein Verhalten, auf seine Worte, auf seine momentane Ausstrahlung. Sie sollen vielmehr im Glauben tiefer sehen und auf den Grund des anderen schauen. Dort werden sie etwas in ihm entdecken, das größer ist als das, was wir von ihm kennen. In jedem von uns ist ein Geheimnis, das uns übersteigt. In jedem von uns ist ein guter Kern, ein göttlicher Kern. Zumindest kennen wir alle in uns die Sehnsucht, gut zu sein. Es braucht – so meint Benedikt – Augen des Glaubens, um Christus im anderen zu entdecken. Das ist eine große Hilfe für die täglichen Reibereien. Im Streit sehen wir den anderen nur als den, der mich verletzt hat, der wieder einmal unachtsam war oder nicht verstanden hat, worum es geht. Wir legen ihn fest auf ein ganz bestimmtes und enges Bild. Der Glaube sprengt dieses Bild. Er übersieht das, was der andere an Unachtsamkeit oder Aggression gezeigt hat, nicht. Aber er sieht durch das Verhalten hindurch auf den inneren Kern. So beiße ich mich nicht fest am Konflikt, sondern eröffne auch dem anderen die Möglichkeit, an den eigenen guten Kern zu glauben.

## Verletzungen loslassen

Viele Verletzungen in der Partnerschaft entspringen dem mangelnden Glauben an den anderen. Wir legen den anderen fest auf unsere Vorstellungen. Wir sind nicht bereit, unsere Vorstellungen loszulassen und den anderen mit den Augen des Glaubens zu betrachten. Die stoische Philosophie hat einen Grundsatz aufgestellt, den die christliche Spiritualität der ersten Jahrhunderte dankbar aufgegriffen hat. Sie sagt: »Keiner kann dich verletzen außer du selbst. Nicht die Menschen verletzen dich, sondern die Vorstellungen (*dogmata*), die du dir vom Menschen machst.« Oft ist es nicht der Mann, der die Frau verletzt, sondern eine nicht erfüllte Vorstellung. Die Frau meint: Der Mann müsste doch merken, dass ich mich den ganzen Tag um die Kinder gekümmert habe und jetzt einfach einmal Zeit für mich brauche. Der Mann meint: Die Frau müsste doch eigentlich spüren, dass ich von der Arbeit überfordert bin, dass ich müde bin und Erholung brauche. Mann und Frau haben also unausgesprochene Vorstellungen vom jeweils anderen. Doch der andere erfüllt die Vorstellungen nicht. Und schon fühlt man sich verletzt. Doch es war nicht die Frau, die den Mann verletzt hat und nicht der Mann, der die Frau verletzt hat, sondern die nicht erfüllte Vorstellung, die wir von ihm oder von ihr hatten. An den guten Kern im anderen glauben heißt, dass ich meine Vorstellungen loslasse und mich immer wieder mit Augen des Glaubens dem anderen zuwende, in ihn hineinschaue, mich mit ihm beschäftige. Ich lege ihn nicht auf meine Vorstellungen fest, sondern erlaube ihm, dass er *er selbst* sein darf. Und wenn ich Erwartungen und Wünsche an ihn habe, sage ich sie ihm, anstatt von ihm etwas zu erwarten, von dem er gar nicht weiß, dass es von ihm erwartet wird.

*Rituale – Ordnungen der Liebe*

Spiritualität zeigt sich immer auch in einem konkreten Leben, in einer konkreten Ordnung. Bert Hellinger spricht von »Ordnungen der Liebe«. Auch die Liebe zwischen Mann und Frau braucht bestimmte Ordnungen, damit sie gelingen kann. Das scheint zunächst ein Gegensatz zu sein. Denn Liebe ist ja auch das spontane Gefühl, das mich überfällt, das Vitale und Ungeordnete. Die Liebe lebt von der Spontaneität und Kreativität. Und doch braucht sie auch konkrete Formen, damit sie nicht verblasst. Gefühle kommen und gehen. Es braucht Anhaltspunkte, an denen ich mit dem Gefühl der Liebe in Berührung komme. Solche Anhaltspunkte und Erinnerungspunkte sind die Rituale. Sie halten meine Liebe lebendig.

Die Rituale haben vor allem zwei Bedeutungen. Sie öffnen unser Leben auf Gott hin. Sie stellen es unter den Segen Gottes. Mitten im Alltag zeigen uns Rituale, dass wir unser gemeinsames Leben vor Gott führen, dass er das eigentliche Ziel ist, auf das hin wir unterwegs sind und dass *er* der Grund ist, auf dem wir unser gemeinsames Lebenshaus gebaut haben. Aber Rituale haben darüber hinaus noch eine andere Bedeutung. Sie sind der Ort, an dem Gefühle ausgedrückt werden, die sonst nie ausgedrückt werden. Sie vertiefen die Beziehungen zwischen den Menschen und schaffen eine gemeinsame Identität. Sie verbinden uns auf einer tieferen Ebene als der des Verstandes und des Willens, tiefer auch als das Gefühl. Das gilt vor allem für die Rituale der Zweisamkeit. Manche Paare haben das Ritual, sich am Morgen mit einem Kuss zu begrüßen und sich abends mit einem Kuss in die Nacht zu verabschieden. Das mag flüchtig erscheinen. Aber wenn das Ritual täglich geübt wird, gibt es doch jeden Tag zumindest eine zärtliche Berührung des anderen. Manchmal wird der Kuss intensiver sein, manchmal ist er nur der alltägliche Vertrauensbeweis, dass es uns um die gemeinsame Liebe ernst ist.

Was die Liebe stärkt

*Einander vergeben*

Spiritualität drückt sich für mich einmal in einer ganz bestimmten Sichtweise aus, im Glauben, der tiefer sieht und Christus in jedem Menschen sieht, zum anderen in Ritualen und zum dritten in bestimmten Haltungen und Einstellungen zum Leben. Diese Haltungen könnte man Tugenden nennen. Es sind die gleichen Haltungen, die die Spiritualität von uns fordert und die einer Ehe und jeder Partnerschaft gut tun.

Da ist einmal die Haltung der Vergebung. Vergebung ist eine Grundbotschaft christlicher Spiritualität. Wir sollen darauf vertrauen, dass Gott uns alle Schuld vergibt, dass wir von Gott bedingungslos angenommen sind. Doch der Glaube an die Vergebung Gottes soll uns dazu führen, dass wir uns selbst und einander vergeben.

Sich selbst zu vergeben, fällt vielen schwer. Sie können sich nicht vergeben, wenn sie die Partnerin oder den Partner verletzt haben, wenn sie sein Vertrauen missbraucht haben. Oft können sie sich dann nicht mehr aushalten und sich dem Partner nicht zumuten. Sie geben sich auf oder aber sie verlassen den Partner, um nicht mehr mit ihrem Schuldgefühl konfrontiert zu werden. Nur wenn wir uns selbst vergeben, können wir aufrichtig mit dem anderen umgehen. Wer sich selbst nicht vergibt, verliert alle Selbstachtung. Er läuft ständig im Büßergewand herum. Doch im Büßergewand kann man keine Ehe leben. Das wird im anderen nur ein schlechtes Gewissen hervorrufen. Mit einem, der im Bußgewand herumläuft, hat man keine Lust zu schlafen.

Genauso wichtig ist aber die Vergebung dem anderen gegenüber. Menschliches Miteinander kann nur aus der Vergebung heraus bestehen. Wenn die Partner nicht bereit sind, sich gegenseitig zu vergeben, werden sie sich gegenseitig immer wieder ihre Fehler aufrechnen. Die Rechnung, die der andere zu begleichen hat, wird dann im Lauf des Miteinanders immer größer. Aber der andere ist nicht bereit, sie zu bezahlen, sondern präsentiert dem Partner eine Gegenrechnung. Doch mit solchem Aufrechnen ruiniert man die Partnerschaft. Die Vergebung reinigt die Atmosphäre. Wer vergibt, heilt nicht nur sich selbst, er kann auch den anderen wieder bedingungslos lieben, ohne inneren Vorwurf. Wenn Vergebung nicht geschieht, wächst die gegenseitige Aversion. Und irgendwann kann die Liebe in Hass umschlagen. Vergebung heißt zunächst: Ich befreie mich von der negativen Energie, die durch die Verletzung in meiner eigenen Seele herumschwimmt und sie verunreinigt. Dann bedeutet Vergebung: Ich lasse die Verletzung beim anderen. Ich gebe sie weg. Ich kreise nicht mehr um sie. Ich benutze die Verletzung nicht als Vorwurf gegen den anderen, sondern vergebe sie. Die Vergebung geschieht aber nicht aus einer Position des Stärkeren heraus. Denn dann würde ich dem anderen nur vermitteln: Ich bin ja großherzig, nur du hast Fehler! Vergebung geht nicht mit der Schuldzuweisung an den anderen einher. Ich vergebe vielmehr im Bewusstsein: Auch ich trage meinen Teil der Schuld. Immer vergebe ich zugleich mir selbst *und* dem anderen. Nur dann geschieht die Vergebung so, dass der andere sie annehmen kann. Wenn ich dem Partner mit meiner Vergebung vermittle, dass die Schuld eindeutig bei

Was die Liebe stärkt

ihm liegt, dass ich aber großzügig bin und ihm vergebe, dann fühlt er sich nicht befreit. Und meist ist er dann auch nicht bereit, die Vergebung anzunehmen. Denn sie wäre mit einem Schuldeingeständnis verbunden. Das vorauszusetzen würde den anderen nur demütigen.

*Dankbarkeit zeigen*

Eine andere spirituelle Haltung ist die der Dankbarkeit. Es ist die Grundhaltung Gott, aber auch dem eigenen Leben gegenüber. Wir sind dankbar für die Liebe, die Gott uns geschenkt hat, für den Partner, dass er uns annimmt und für uns da ist, dass er treu ist und fair mit uns umgeht. Wir sind dankbar für die Liebe, die wir spüren dürfen. Wir erleben, dass die Liebe letztlich immer ein Geschenk ist, das wir uns nicht anrechenbar verdient haben. Sie ist ein Geheimnis, das uns in der Tiefe miteinander verbindet. Diese Dankbarkeit braucht – wie in der Spiritualität immer – wieder einen Ausdruck. Die Möglichkeiten dazu sind viele. Eine großartige Möglichkeit, unseren Dank zu feiern, ist sicher die Eucharistiefeier oder das Abendmahl. Sie ist letztlich immer eine Feier der Dankbarkeit für das, was Gott uns in Jesus Christus geschenkt hat. In ihr könnten wir auch die Dankbarkeit für unseren Partner und unsere Familie zelebrieren. Wir sollten Gott danken für die Liebe, die er uns geschenkt hat und die in uns Frucht gebracht hat. Dankbarkeit ist freilich keine Sonntagshaltung. Es geht auch darum, die Dankbarkeit im Alltag zu üben und dem anderen immer wieder durch ein kleines Zeichen – verbal ausdrücklich oder zeichenhaft-symbolisch – zu zeigen, dass wir wahrnehmen, was er oder sie für uns tut. Wir danken aber nicht nur für das, was er tut, für das, was er uns sagt, sondern auch für sein *Sein.* Manchmal tut es gut, dem anderen einfach zu danken, dass er so ist, wie er ist, dass er an unserer Seite ist, dass wir einander lieben dürfen.

*Einander vertrauen*

Eine andere spirituelle Haltung, die für das Gelingen der Beziehung unabdingbar ist, ist das Vertrauen. Vertrauen hat seine Wurzeln in der Kindheit. Die Mutter vermittelt dem Kind Urvertrauen, der Vater das Vertrauen, in die Welt zu gehen und das Leben zu gestalten. Aber dieses Vertrauen, das uns von den Eltern zukommt, braucht eine spirituelle Grundlage. Wenn ich mich von Gott getragen fühle, dann kann ich dem anderen Vertrauen entgegenbringen, selbst wenn das Vertrauen in meiner Lebensgeschichte einmal enttäuscht worden ist. Das Vertrauen ist getragen vom Glauben, dass wir in Gottes Hand sind, und vom Glauben an den guten Kern im Menschen. Es ist ein Glaube, der immer wieder neu eingeübt werden muss. Denn in jeder Beziehung gibt es Enttäuschungen. Doch ich lege den anderen nicht fest auf seine Fehler und auf sein Versagen, sondern glaube trotzdem an den guten Kern in ihm. Und ich glaube auch, dass in mir ein guter Kern ist. Ich erlebe ja auch mit mir selbst Enttäuschungen. Ich tue nicht das, was ich eigentlich möchte. Ich bin eifersüchtig, obwohl ich es nicht sein möchte. Es gibt dann

Was die Liebe stärkt

Menschen, die sich ständig nur verurteilen und meinen, sie kämen einfach nicht weiter, sie würden keine inneren Fortschritte machen. Sie schreiben sich selbst ab. Der Glaube vertraut darauf, dass das Gute in mir stärker ist als all die Schwächen, an denen ich leide.

## Hoffnung und Geduld

Der Glaube muss verbunden sein mit der Hoffnung. Hoffnung – so sagen die Theologen – ist eine göttliche Tugend. Es ist also eine Tugend, die wir selbst üben müssen. Aber zugleich ist es eine Haltung, die uns auch von Gott geschenkt wird. Wir sind auf Gottes Gnade angewiesen, damit wir hoffen wider alle Hoffnung. Ohne Hoffnung kann keine Beziehung gelingen. Ohne Hoffnung können die Eltern keine Kinder bekommen und erziehen. Die Hoffnung hat einen langen Atem. Sie kann warten. Hoffnung ist etwas anderes als Erwartung. Wenn ich vom Partner erwarte, dass er dies oder jenes ändert, dann bin ich immer wieder enttäuscht, dass er es doch nicht tut. Und oft genug fühlt sich der andere von meinen Erwartungen erdrückt. Er hat den Eindruck, dass er sie ständig erfüllen muss. Weil er den Erwartungen nicht gerecht werden kann, wird er aggressiv. Und ich selbst reagiere auf die Nichterfüllung der Erwartungen mit Enttäuschung. Hoffen ist – so sagt der französische Philosoph Gabriel Marcel – immer Hoffen auf dich und Hoffen für dich. Die Hoffnung richtet sich immer auf eine Person. Ich hoffe, dass du immer mehr der wirst, der du von Gott her bist. Die Hoffnung gibt nie auf. Paulus sagt, wir hoffen auf das, was wir nicht sehen. Das ist gerade für die Partnerbeziehung von entscheidender Bedeutung. Viele werfen sich gegenseitig vor: »Ich sehe nichts von dem, was du mir versprochen hast. Du wolltest doch das oder jenes ändern. Ich sehe nichts davon. Ich sehe bei dir gar keine Bemühung, etwas zu verbessern.« Solche Worte legen den anderen fest auf das Sichtbare. Die Hoffnung sieht auf das Unsichtbare. Sie hofft darauf, dass im anderen etwas ist, was ich noch nicht sehe, was aber irgendwann zum Vorschein kommen will. Ohne Hoffnung wird das Zusammenleben zur Hölle, wie Sartre es beschrieben hat. Dante hat über die Hölle das Wort gesetzt: »Lass alle Hoffnung fahren!« Die Hoffnung gibt den anderen nie auf und auch sich selbst nicht. Ich fange immer wieder neu an. Ich gebe die Hoffnung nicht auf, dass wir einen Weg zueinander finden. Menschen ohne Hoffnung lassen dem anderen vielleicht zwei oder drei Chancen. Dann ist es mit ihrer Geduld zu Ende. Die Hoffnung hat einen langen Atem. Sie hofft auf das, was sie noch nicht sieht. Damit ermöglicht sie auf Dauer eine Entfaltung und Verwandlung.

## Verantwortung füreinander

Verantwortung als spirituelle Haltung ist die Antwort auf den Ruf, der an mich ergangen ist. An jeden von uns ist ein Ruf von Gott ergangen: Ich bin ins Dasein gerufen. Ich habe einen Ruf bekommen, mein Leben zu leben. Und ich habe einen Ruf gespürt, diese Frau oder diesen Mann zu

Was die Liebe stärkt

heiraten. Auf diesen Ruf habe ich geantwortet und so Verantwortung übernommen für mich selbst und für mein Leben, aber auch für den anderen Menschen. Der kleine Prinz bei Exupéry sagt das schöne Wort: »Du bist zeit deines Lebens verantwortlich für den, den du dir vertraut gemacht hast.« Wenn ich mit einem Menschen vertraut werde und mich auf ihn einlasse, übernehme ich Verantwortung für ihn. Selbst wenn die Beziehung scheitert, bin ich noch für den anderen verantwortlich. Ich kann unsere Beziehung nicht ungeschehen machen und den anderen einfach wie Luft behandeln. Auch dann habe ich noch eine Verantwortung, etwa dass wir uns auf faire Weise trennen. Ich bin verantwortlich für mein Tun. Ich kann einfach nicht nur nach Lust und Laune handeln. Ich muss Rechenschaft ablegen vor meinem eigenen Gewissen und vor dem Partner und vor Gott.

Diese Verantwortung gilt gerade dort, wo ich mich als Ehemann in eine andere Frau verliebe. Dass ich mich verliebe, dagegen ist kein Kraut gewachsen. Manche meinen, die Frau, in die sie sich verliebt haben, würde alle ihre Sehnsüchte erfüllen. Und sie spüren dann die Defizite in der eigenen Beziehung. So meinen sie, nur die neue Frau würde ihnen ermöglichen, ein erfülltes Leben zu leben. Doch sie sehen die Verantwortung nicht, die sie eingegangen sind. Verantwortlich mit dem Verliebtsein umzugehen würde heißen: Ich sehe das Verliebtsein als Chance, in mir neue Seiten zu entfalten und die eigene Beziehung wieder neu zu beleben. Ich muss das Verliebtsein in mein Lebenskonzept integrieren. Natürlich gibt es auch da manchmal ein Scheitern. Etwa wenn die alte Beziehung so festgefahren ist, dass sie nicht wieder belebt werden kann. Aber zunächst muss ich meiner Verantwortung gerecht werden. Ich muss antworten auf die Sehnsucht meiner Frau, die mit mir alt werden wollte und die mich als Vater ihrer Kinder will. Ich kann diese Verantwortung nicht einfach loslassen. Und selbst wenn die Ehe scheitern sollte, muss ich verantwortlich mit meiner Familie umgehen. Bei manchen hat man den Eindruck, dass sie jede Verantwortung ablehnen. Sie berufen sich auf die starken Gefühle, die sie zur neuen Partnerin haben. Sie werden blind für das, was sie bisher gelebt haben. Verantwortung heißt aber, dass ich mich in Frage stellen lasse und auf die Fragen antworte, die mir meine Frau und meine Kinder stellen. Ich kann nicht einfach meiner Wege gehen und meinen, die anderen müssten sehen, wie sie zurechtkommen.

Eine Frau, deren Mann in der Friedensbewegung und Umweltbewegung tätig war, erzählte mir: »In der Friedensbewegung übernimmt er Verantwortung für die ganze Welt. Aber für mich und meine Familie lehnt er jede Verantwortung ab. Da ist er einfach nur seinen Gefühlen gefolgt und hat uns im Stich gelassen. Er hat sich der Auseinandersetzung gar nicht gestellt.« Einem konkreten Menschen gegenüber, den ich verletzt habe, Antwort zu geben, fällt uns schwer. Wir müssen uns aber stellen und uns zeigen, wie wir sind, auch in unserer Brüchigkeit und Schwäche. Wer Verantwortung übernimmt, der wird bescheiden. Er versteckt sich nicht mehr hinter großen Worten. Er gesteht sich ein, dass er andere verletzt hat. Und er stellt sich denen, die er verletzt hat. Er antwortet ihnen auf ihren Schmerz und ihre Enttäuschung.

## Authentisch leben

Jesus hat nach seiner Auferstehung zu seinen Jüngern gesagt: »Ich bin ich selber« (*Ego eimi autos*). Das griechische Wort *autos* meint das innere Heiligtum des Menschen, in dem er mit seiner Seele in Berührung kommt, mit dem einmaligen und unverfälschten Bild, das Gott sich von ihm gemacht hat. Spiritualität heißt, immer mehr dieses Bild Gottes in mir zu entdecken und zu entfalten, immer mehr ich selber zu werden. Die Philosophie hat diese Haltung als Authentizität beschrieben. Es ist die Haltung, echt zu sein, mit dem ursprünglichen Bild in Berührung zu sein, das Gott sich von jedem von uns gemacht hat. Oft genug verbiegen wir uns. Wir versuchen, uns den Erwartungen anderer anzupassen. Wir sind anders in der Familie, anders im Beruf, anders im Freundeskreis. Wir spüren, was die anderen jeweils von uns erwarten, und spielen die Rolle, die dort ankommt. Aber wir sind nicht wir selbst. In der Partnerschaft kann man sich nicht hinter Rollen verstecken. Da muss ich mich stellen mit meiner Wahrheit. Da muss ich mir klar werden, wer ich eigentlich bin. Die Beziehung gelingt nur, wenn beide ganz sie selbst sind, authentisch, mit ihrem Wesen übereinstimmend.

## Ekstase und Hingabe

Hans Jellouschek weist im Blick auf die Verbindung zwischen Spiritualität und Beziehung auf einen anderen Aspekt hin. Er warnt davor, die Beziehung zwischen

Mann und Frau, vor allem die sexuelle Beziehung spirituell und religiös aufzuladen. Er meint damit, dass wir die Partnerliebe so sehr idealisieren, dass sie in eine religiöse Dimension hineinreicht. Aber dennoch sollen wir die erotisch-sexuelle Beziehung zusammenbringen mit der Spiritualität. Denn in der sexuellen Hingabe an den Partner geschieht etwas von der Ekstase, die wir auch vom mystischen Weg der Vereinigung mit Gott erhoffen. Jellouschek hebt in einer Reflexion über Sprirituälität als therapeutische Kraft hervor: »Gerade wenn die erotische Erfahrung aus ihrer Abspaltung vom Religiösen befreit und in eine spirituelle Perspektive mit hineingenommen wird, wird sie damit auf einen realistischen Boden gestellt und in gewisser Weise auch relativiert.« Im sexuellen Einswerden erfahren wir auch das, was die Theologie Gnade nennt: dass der Mann sich von der Frau als Mann und die Frau sich vom Mann in ihrer Weiblichkeit angenommen weiß. Alles, was wir in der erotisch-sexuellen Beziehung erfahren, ist für Jellouschek gleichsam ein »Vorschein dessen, wohin wir unterwegs sind. Damit hilft eine spirituelle Sichtweise der erotischen Liebe zu einer realistischen Einstellung und könnte damit die ›bloß therapeutischen‹ Bemühungen des Therapeuten um ein realistisches Liebesverständnis sehr unterstützen.« Und noch einen anderen Aspekt, auf den ich oben schon hingewiesen habe, betont Jellouschek. Die Liebe wird nur auf Dauer lebendig bleiben, wenn die beiden Partner sich nicht nur ständig in die Augen schauen, sondern über sich hinaus auf ein gemeinsames Ziel sehen. Dieses Ziel darf aber nicht zu klein gefasst werden. Letztlich muss es ein Ziel sein, das über die beiden hinausweist. Die Spiritualität weist über sich hinaus. Die Partner verstehen sich als Pilger auf dem Weg. Sie gehen auf ein Ziel hin, das sich auch über den Tod hinaus verbindet, auf Gott hin. Jellouschek zitiert den jüdischen Therapeuten Viktor E. Frankl, dessen Grundeinsicht war, »dass wir unser Leben dann als wertvoll erfahren, wenn wir es Wertvollem widmen«.

# Was die Beziehung nährt

*Erinnerung an den Beginn*

Die Beziehung braucht immer wieder Stärkung, Erfrischung und Erneuerung. Ein Weg, die Beziehung zu stärken, ist die Erinnerung an den Beginn. Was hat uns damals zusammengeführt? Was war die Faszination? Die Liebe, die einmal war, ist nicht einfach vergangen. Sie hat sich vielleicht verändert oder sie ist abgeflacht. Ich kann auch nicht die Gefühle wiederholen, die im Verliebtsein in mir aufgebrochen sind. Denn diese intensiven Gefühle haben immer auch mit Projektion zu tun. Die Frau, in die ich mich verliebe, weckt in mir starke Gefühle. Sie berührt meine tiefe Sehnsucht nach Einssein. Sie bringt mich in Berührung mit den Gefühlen, die tief in meiner Seele schlummern und geweckt werden wollen. Aber wenn ich mich an den Beginn erinnere, dann spüre ich nicht nur das Verliebtsein und die Gefühle, sondern auch eine Ahnung von dem Kostbaren und Einzigartigen, was diese Frau verkörpert. Zumindest hat es mich damals angesprochen. Vielleicht habe ich in ihr die Verheißung von Glück, von Mütterlichkeit, von Schönheit, von Lebendigkeit, von Liebe gesehen. Was bleibt von dieser Verheißung übrig? Wenn ich all die tiefen Gefühle einmal beiseite lasse und nüchtern anschaue, was mich zu dieser Frau hingezogen hat, was taucht dann auf? Es ist ja etwas, das bei aller Projektion doch auch in diesem Menschen liegt. Und es liegt heute noch in ihm. So kann die Erinnerung an früher mich offen machen für das, was diese Frau oder diesen Mann ausmacht. Und ich kann von neuem Ja sagen zu dieser konkreten Person. Sie hat im Laufe der Zeit auch andere Seiten gezeigt. Aber das, was mich damals angezogen hat, ist auch noch in ihr. Und wenn ich diesen Menschen von dieser Seite aus betrachte, erscheint er mir in einem anderen Licht. Und ich komme wieder mit der Liebe in Berührung, die damals in mir aufgebrochen ist.

Das gilt für den Mann wie für die Frau: Die Frau erinnert sich an das, was sie am Mann so angezogen hat. Vieles hat sich durch die tägliche Arbeit und durch das Aneinandergewöhnen abgeschliffen. Und das, was den Mann an der Frau einmal fasziniert hat, ist noch irgendwie in ihr. Die Erinnerung lässt beide an das glauben, was im jeweils anderen ist. Und ihre Erinnerung kann auch ihn wieder in Berührung bringen mit dem, was an Faszinierendem im anderen ist. So kann die Erinnerung die Beziehung wieder neu beleben und nähren.

*Eine unversiegbare Quelle*

Die begrenzte Liebe, die ich zur Partnerin habe und die die Partnerin zu mir hat, wird gespeist von der grenzenlosen Quelle der göttlichen Liebe, die in mir strömt. Auch wenn die menschliche Quelle manchmal zu versiegen droht, so ist doch die göttliche Quelle immer in uns. Sie sprudelt auf dem Grund unserer Seele. Indem wir uns daran erinnern oder indem wir in der Meditation zum Grund unserer Seele vordringen, kann diese Quelle langsam wieder in uns aufsteigen und unsere menschliche Liebe durchdringen und nähren. Die Erinnerung an die kirchliche Hochzeit kann dabei helfen, dass die göttliche Quelle in uns wieder von Neuem zu sprudeln beginnt. Damals haben wir die Ehe nicht nur unter den Segen Gottes gestellt. Wir haben auch erfahren, dass unsere menschliche Liebe ihren tiefsten Grund in der göttlichen Liebe hat, die nie versiegt. Die Feier der kirchlichen Hochzeit drückt ja aus, dass die Ehe ein Sakrament ist. Sakrament meint, dass das sichtbare Zeichen auf etwas Unsichtbares, Göttliches hinweist. Die sichtbare menschliche Liebe, die sich in unserer Zärtlichkeit und im sexuellen Einswerden ausdrückt, verweist uns auf die unsichtbare göttliche Liebe, die in uns ist. Das Sakrament heiligt nicht nur unsere Liebe. Es entlastet uns auch von dem Anspruch, dass die menschliche Liebe all unsere Sehnsucht erfüllen muss. Die menschliche Liebe, die immer auch begrenzt ist, verweist uns auf die grenzenlose Liebe Gottes in uns. So können wir das, was der andere uns an Liebe schenkt, genießen und uns von ihr in den Grund unserer Seele führen lassen, in dem die unendliche göttliche Quelle der Liebe strömt. Von dieser göttlichen Liebe kann sich auch im Lauf einer langen Ehe unsere menschliche Liebe immer wieder nähren.

Es gibt aber auch Haltungen und Verhaltensweisen, die unsere Beziehung nähren. Da ist einmal die Wahrnehmung des anderen in seinem Eigensein und Anderssein. Wir legen im Alltag den anderen oft fest auf das, was wir von ihm erwarten, oder auf das, was wir von ihm kennen. Da braucht es immer wieder einen Schritt zurück, aus dem Alltagsgeschehen heraus, um von dort aus einen neuen Blick auf den anderen zu werfen. Es ist kein Blick, der analysiert oder beurteilt, sondern ein Blick, der wahrnimmt, der die Wahrheit des anderen aufleuchten lässt. Wahrheit heißt im Griechischen ja *aletheia*. Das meint: Das Wesen des Seins wird der Vergessenheit entrissen. Der Schleier wird weggezogen, damit wir auf die eigentliche Wirklichkeit schauen. So geht es in der Wahrnehmung des anderen darum, den Schleier wegzuziehen, den der Alltag immer wieder auf den anderen legt und ihn uns verbirgt, damit wir ihn in seinem wahren Wesen unverhüllt schauen. Das Geheimnis des anderen wird in der Wahrnehmung der Vergessenheit entrissen. Im Alltag vergessen wir immer wieder, wer der andere eigentlich ist. Wahrnehmen heißt: Ich erinnere mich an seine eigentliche Wahrheit. Ich nehme seine Wahrheit in die Hand und trage sie gleichsam wie eine kostbare Perle in meiner Hand. Ich vereinnahme diese Perle nicht, sondern schaue auf sie als auf etwas, das so anders ist als ich und das mich doch auch an die Perle in meiner eigenen Seele erinnert.

»Das Gegenteil von Liebe ist nicht Hass. Das Gegenteil von Liebe ist Gleichgültigkeit.« Dieser Satz von Elie Wiesel stimmt für alle menschlichen Beziehungen. Wem der andere gleichgültig ist, der nimmt ihn gar nicht mehr wahr. Den anderen wahrnehmen, das drückt sich in der Haltung von Respekt und Wertschätzung aus. Respekt und Wertschätzung sind zwei Weisen des Sehens. Respekt kommt von *respicere*, nochmals auf den anderen schauen. Weil ich im Alltag oft am anderen vorbeisehe, halte ich inne, um nochmals einen Blick auf ihn zu werfen, ihn von Neuem anzusehen. Respekt heißt auch; Rücksicht nehmen, wieder von Neuem auf den anderen sehen, um ihn zu beachten. Ich gehe nicht an ihm vorbei. Ich drehe mich um, um auf ihn zu sehen. Das deutsche Wort »ansehen« hat ja eine tiefere Bedeutung. Wenn ich jemanden ansehe, schenke ich ihm Ansehen, schenke ich ihm Wertschätzung. Im Anschauen drücke ich ihm meine Wertschätzung aus. Ich schätze seinen Wert, seine Würde, seine Einmaligkeit und Einzigartigkeit. In Gesprächen höre ich oft: »Mein Mann sieht mich gar nicht. Er sieht nur seine eigenen Sachen. Ich fühle mich völlig übersehen.« Wenn der Mann die Frau kaum ansieht, dann fühlt sie sich übersehen. Dann leidet sie an seiner mangelnden Wertschätzung.

Aber diese Wertschätzung soll nicht nur in einem Blick ausgedrückt werden, sondern auch mit Worten. Der andere braucht meine Worte, die seinen Wert ansprechen, damit er an seinen eigenen Wert zu glauben vermag. Die Wertschätzung wird auch in Geschenken ausgedrückt.

Dabei geht es nicht um den materiellen Wert der Geschenke. Manche Liebhaber versuchen durch die Höhe des Geschenkes ihre Wertschätzung auszudrücken. Doch manchmal erscheint das Geschenk als Ersatz für die Wertschätzung, die im Alltag fehlt. Dennoch braucht die Liebe immer wieder das Schenken. Das deutsche Wort »schenken« kommt ja aus der Sprache des Wirtes. Der Wirt schenkt mir etwas ein, damit ich meinen Durst löschen kann. So geht es im Geschenk darum, etwas zu suchen, was den Durst des anderen nach Liebe löscht, was ihn auf seinem Weg nährt. Nicht der materielle Wert macht das Geschenk aus, sondern die Phantasie und die Liebe, die ich hineinlege. Ich suche das Geschenk bewusst aus. Ich denke mich in den anderen hinein und überlege, was ihm jetzt eine besondere Freude machen würde, womit ich jetzt meine Liebe und meine Wertschätzung am besten ausdrücken kann.

## Balance von Nähe und Distanz

Die Beziehung wird genährt durch ein gutes Miteinander von Nähe und Distanz. Wenn ich immer am anderen klebe, kann er nicht aufatmen, hat keine Möglichkeit, sich von etwas anderem zu nähren als von mir. Aber ich allein bin nicht Nahrung genug. Für den einen ist die Musik zusätzliche Nahrung, für den anderen der Besuch eines Museums, für den anderen ein Spaziergang durch die Natur, für andere ein Kurs über Meditation oder spirituelle Themen. Und für viele sind ihre Freunde Nahrung. Wenn sie sich mit Freunden treffen und austauschen, fühlen sie sich gestärkt. Untersuchungen zeigen, dass Eheleute, die einen guten Freundeskreis haben, jeder für sich und auch gemeinsam, besser miteinander auskommen. Sie überfordern sich nicht mit gegenseitigen Erwartungen. Sie haben auch andere Quellen, aus denen sie sich nähren.

Es braucht immer eine gute Balance zwischen Nähe und Distanz. Wenn ich nur Distanz zum anderen halte, dann verhungert er. Ein Mann erzählte mir, er sei erfroren neben seiner Frau. Denn er war nie gut genug. Sie hat immer nur das gesehen, was ihm fehlt. Sie hat nicht verstärkt, was in ihm ist. Und sie konnte ihm vor lauter Urteilen und Bewerten keine Wertschätzung geben und keine Nahrung und keine Wärme. Es braucht immer ein gutes Miteinander von Nähe und Distanz. Die Nähe des anderen nährt uns. Aber wenn sie zum Festklammern wird, wird die Nahrung einseitig und ungesund. Die Distanz gibt uns die Möglichkeit, auch andere Speisen und Getränke zu uns zu nehmen, die uns gut tun.

Manche Ehepaare verwechseln Nähe mit Symbiose. Im Tierreich ist die Symbiose oft überlebensnotwendig für manche Tiere. Aber die Tiere sind dann auch voneinander abhängig. Wenn Ehepaare symbiotisch zusammenleben, dann engen sie ihren Lebensraum ein. Und sie nähren sich dann auf Dauer nicht mehr, sondern saugen sich gegenseitig aus. Im Tierreich ist die Grenze zwischen Symbiose und Parasitentum fließend. In der Ehe führt ein symbiotisches Zusammenleben dazu, dass einer vom anderen lebt. Aber sie schneiden die Quellen ab, die sie auch noch nähren könnten. Die Quelle des anderen wird irgendwann erschöpft und dann wird die Symbiose zu einem sterilen und unfruchtbaren Miteinander. Beide hängen so aneinander, dass sie ihre eigene Identität verlieren. Alles vermischt sich in ihnen. Irgendwann weiß ich dann nicht mehr, wer ich eigentlich bin. Ich kann dem anderen nicht mehr begegnen, sondern klebe an ihm und er an mir.

*Innerer Freiraum*

Damit wir ein gutes Verhältnis von Nähe und Distanz finden, braucht es in der Ehe die Kunst, auf gute Weise Grenzen zu setzen und die Grenzen des anderen zu achten. Wir meinen, die Liebe überspringe alle Grenzen und vereine uns miteinander. Das stimmt. Aber wir können nicht immer in der Vereinigung leben. Auch in dem engen Miteinander der Ehe braucht es die Kunst, sich vom anderen abzugrenzen. Sonst ersticken wir. Oder aber unsere Grenzen zerfließen. Die Psychologie spricht von konfluenten Persönlichkeiten. Sie wissen nicht, wo sie anfangen und aufhören. Sie gehen so in den anderen über, dass sie gar nicht mehr merken, wer sie selbst sind. So kann aber keine Begegnung stattfinden. Auch in der Partnerschaft braucht es immer wieder die Begegnung. Das deutsche Wort Begegnung meint aber, dass wir dem anderen entgegengehen. Das setzt voraus, dass wir nicht immer zusammenkleben. Die Begegnung verwandelt.

Das Urbild von Begegnung ist für mich die Geschichte von Maria und Elisabeth. Die beiden schwangeren Frauen begegnen sich. Maria macht sich auf den Weg, sie bricht aus ihrem Zuhause auf. Sie bricht die eigenen Zelte ab, um über das Gebirge ihrer inneren Blockaden und Vorurteile auf Elisabeth zuzugehen. Und als sie sich begrüßen, hüpft das Kind in Elisabeth auf. Sie wird lebendig. Sie kommt durch die Begegnung mit Maria in Berührung mit dem Kind in sich, mit dem unverfälschten und ursprünglichen Bild, das Gott sich von ihr gemacht hat. Und sie erkennt in Maria die Mutter ihres Herrn. In jeder Begegnung geht es darum, im anderen den zu sehen, der Christus in sich trägt. Und Elisabeth preist Maria selig. Sie spricht ihr das Glück zu. Vom Heiligen Geist erfüllt verheißt sie ihr, dass ihr Leben gelingt, weil sie geglaubt hat. Damit eine solche beglückende Begegnung auch in der Ehe immer wieder geschehen kann, braucht es ein gutes Verhältnis von Nähe und Distanz und das gesunde Setzen und Achten von Grenzen.

Viele haben Angst, dem Partner eine Grenze zu setzen. Sie haben Angst, der andere könnte sie nicht mehr lieben oder er könnte verletzt werden. Doch vor lauter Rücksicht auf die Reaktion des anderen übersehen sie die eigenen Bedürfnisse. Sie verlieren ihre Grenzen und damit letztlich sich selbst. Damit das Miteinander in der Ehe gelingt, braucht es Grenzen. Manche Paare meinen, sie müssten alles zusammen machen. Eine Frau, die während der Woche die Kinder allein hatte und für sie sorgte, nahm sich das Recht, am Sonntagmittag eine Stunde zu schlafen. Der Vater meinte, es sei doch viel schöner, wenn sie gemeinsam mit den Kindern spazieren gingen. Die Frau bekam ein schlechtes Gewissen, ob sie nicht zu egoistisch sei, ob sie da ihre Grenze nicht zu eng gezogen habe. Aber

Was die Liebe stärkt

im Gespräch wurde ihnen klar, dass diese Grenze für beide heilsam ist. Für die Kinder ist es gut, den Vater mal allein für sich zu haben. Der Mutter tut es gut, mit gutem Gewissen Zeit für sich allein zu haben. Die Grenze zu ziehen und sie zu beachten, tat der ganzen Familie gut.

## In der eigenen Mitte bleiben

Es geht aber nicht nur darum, äußere Grenzen zu setzen, um den nötigen Freiraum für sich selbst zu gewinnen. Die Ehe gelingt nur, wenn ich mich vom Partner und von der Partnerin auch innerlich abgrenze. Ich darf nicht jedes verletzende, kränkende und abwertende Wort auf mich beziehen. Ich brauche eine gesunde Grenze, um zu unterscheiden, wann ich das kritische Wort des anderen beherzigen und wann ich es besser bei ihm lassen soll. Manchmal ist es hilfreich, dem anderen nur zuzuschauen, wie er seine eigene Unzufriedenheit oder seinen Ärger im Beruf daheim ausagiert. Ich bleibe dann wie ein Zuschauer im Theater. Ich schaue zu, aber ich spiele sein Spiel nicht mit. Ich verurteile ihn nicht, weil er jetzt dieses Spiel aufführt. Ich beobachte es vielmehr und bleibe dabei gut bei mir. Ich überlege, wie sehr ihn die Enttäuschung trifft, dass er sie jetzt hier so darstellen muss. Wenn ich Zuschauer bleibe, kann ich nüchterner und hilfreicher reagieren. Wenn ich sofort jedes Wort auf mich beziehe, fühle ich mich tief verletzt. Dann verletze ich den anderen, indem ich ihm alles Mögliche an den Kopf werfe. Die spirituelle Übung, bei sich in seiner Mitte zu bleiben, ist hilfreich, damit wir mit den alltäglichen Konflikten und Reibereien besser zurechtkommen. Ich kann dann besser entscheiden, wo ich etwas an mich heranlassen muss und wo ich in der Zuschauerrolle bleiben darf. Allerdings ist es immer eine Gratwanderung zwischen diesen beiden Polen. Es gibt Menschen, die sich nicht abgrenzen können und alles sofort auf sich beziehen. Dann verwickeln sich die Partner in ihren Emotionen immer mehr. Es gibt aber auch Ehepartner, die sich zu sehr abgrenzen und die Not und die Sehnsucht des anderen, die in seinem Schreien und seinem Weinen zum Ausdruck kommen, gar nicht wahrnehmen. Sie ziehen sich so sehr auf sich selbst zurück, dass sie dem anderen vermitteln: Dein Weinen, deine Unzufriedenheit ist allein dein Problem. Doch dieses Sich-Abgrenzen wird dann zum Nicht-wahrhaben-Wollen. Es verletzt den anderen zutiefst. Der andere hat das Gefühl, dass er den Partner gar nicht mehr erreicht. Selbst auf Weinen und Verzweiflung, selbst auf Krankheit reagiert der andere nicht mehr. Er hat sich in sich selbst verschlossen. Manchmal wird das sogar noch spirituell erhöht. Der andere vermittelt dem Partner, dass er so sehr in seiner Mitte ist, dass er auch durch die Probleme des anderen nicht aus seiner Mitte herausfällt. Er interpretiert seine mangelnde Anteilnahme noch als spirituelle Reife. So etwas macht den Partner zurecht wütend. Denn über diese Grenze kann ich kaum noch schreiten. Durch die spirituelle Ideologisierung ist sie so hoch geworden, dass ich den anderen in seiner Person gar nicht mehr wahrnehmen kann.

Was die Liebe stärkt

Daher braucht es einen anderen Weg, damit die Partnerschaft gelingen kann: Resonanz. Das, was mein Partner
mir sagt, braucht Resonanz. Wenn ich überhaupt nicht
reagiere, dann fühlt sich der andere allein gelassen. Resonanz heißt nicht immer, dass ich genauso aggressiv reagiere. Aber dennoch reagiere ich. Ich zeige dem anderen,
was sein Vorwurf, sein verletzendes Wort in mir auslöst.
Oft sind es die Frauen, die dem Mann sagen, wie es ihnen
mit ihm ergeht, dass sie sich nicht verstanden fühlen, dass
sie nicht wissen, woran sie bei ihm sind, weil er nicht reagiert. Männer entziehen sich dann oft dem Gespräch. Sie
sagen gar nichts. Sie geben keine Resonanz. Das verunsi-
chert die Frauen. Auch wenn ich auf einer sachlichen
Ebene reagiere und nicht emotional, ist das hilfreicher, als
gar keine Reaktion zu zeigen. Allerdings misslingt die
Kommunikation zwischen Mann und Frau oft, weil sich
in das Gespräch oft vorwurfsvolle Töne oder aber bewer-
tende, bedrängende oder verurteilende Signale mischen.
Damit ein Gespräch gelingt, braucht es daher immer die
spirituelle Haltung des Glaubens, dass ich dem anderen
zutraue, dass er mich versteht und dass er seine Gedanken
ausdrückt. Wenn der Mann sich zu sehr bedrängt fühlt,
dann zieht er sich zurück. Dann antwortet er entweder gar
nicht oder er meint, er sehe überhaupt kein Problem, nur
sie würde alles so problematisieren. Doch mit solchen gegenseitigen Zuweisungen von Rollen wird ein Gespräch
blockiert. Wenn der andere aus meinen Worten einen Vorwurf heraushört, beginnt er sich sofort zu verteidigen.

Und so ist kein offenes Gespräch möglich. Die Kommunikation braucht daher eine spirituelle Grundlage, die Grundlage des Vertrauens und Zutrauens, der Hoffnung, dass sich im anderen etwas bewegt, und des Glaubens an den guten Kern in ihm.

## Hingabe

Noch eine spirituelle Haltung nährt die Beziehung zwischen Mann und Frau, auch wenn sie heute eher mit Argusaugen beobachtet wird: die Hingabe. Heute sind wir kritisch gegenüber Müttern, die sich völlig für die Familie aufopfern und dabei die eigenen Bedürfnisse überspringen. Manchmal kann hinter diesem Aufopfern auch ein Anspruch stehen: Ich gebe alles für euch. Aber dann müsst auch ihr mir etwas zurückgeben. Heute zählt die Selbstverwirklichung mehr als das Sich-Aufopfern. Aber dennoch kommt keine Beziehung ohne Hingabe aus. Wenn beide Partner nur darum kreisen, wie weit sie sich selbst verwirklichen können, wenn sie jeden Wunsch des Partners danach befragen, ob er mit den eigenen Bedürfnissen übereinstimmt, dann führt das – wie Hans Jellouschek in seinem Buch über »Die Kunst als Paar zu leben« ausgeführt hat – zur »Tyrannei der Authentizität«. Es ist heute wichtig, dass wir die beiden Pole der Selbstverwirklichung und Hingabe in ein gutes Gleichgewicht bringen. Wenn ein Pol absolut gesetzt wird, dann führt dies entweder zum Egoismus zu zweit oder aber zur Selbstaufgabe. Hingabe ist aber etwas anderes als Selbstaufgabe. Jellouschek sagt zurecht: »Der Mensch findet seine höchste Entfaltung nur in der Selbst-Hingabe. Wer ängstlich an sich selber festhält, geht sich selber am radikalsten verloren. Wer sich selbst hingibt, findet zu seiner Fülle.«

Um Hingabe geht es auch in der Beziehung zu Gott. Hingabe heißt, dass ich mich ganz und gar auf Gott einlasse. Diese Hingabe erleben wir aber nicht nur gegenüber Gott. Wir geben uns auch einer Musik hin. Wir spielen auf der Geige und vergessen dabei, wie wir auf andere wirken. Wir werden durchlässig für etwas, das größer ist als wir. Wir spüren den Unterschied zwischen einem Sänger, der technisch perfekt singt und einem, der durchlässig ist für die Musik, durch den hindurch »ES« singt. Da werden wir als Zuhörer ganz anders angerührt. Da klingt in unserer Seele etwas wider. Auch in der Spiritualität gibt es den Unterschied. Da gibt es Menschen, die eine konsequente Askese leben oder täglich zwei Stunden meditieren. Aber sie tun es, damit sie sich als spirituelle Menschen fühlen. Sie kreisen letztlich um das eigene Ego. Und es gibt Menschen, die sich in ihrer Ohnmacht in Gott hinein ergeben. Sie berühren wirklich Gott. Sie vergessen sich selbst und ihre Wirkung auf andere. Und gerade so fühlen sie sich ganz präsent, frei, erfüllt, lebendig, voller Liebe. Diese Haltung gilt es auch in der Paar-Beziehung einzuüben. Die Hingabe gipfelt in der sexuellen Hingabe. Die sexuelle Vereinigung gelingt nur, wenn die Partner sich gegenseitig hingeben, ohne nur auf die eigene Lust oder Gier zu schauen. Dann werden sie wirklich frei von sich selbst und erleben in der Vereinigung höchstes Glück. Aber dieses Glück kann man nicht festhalten. Es braucht immer wieder Augenblicke der Hingabe, um an dieses Glück zu rühren. Die Hingabe, die in der Sexualität gipfelt, will aber ganz konkret im Alltag eingeübt werden. Wenn die Mutter hingebungsvoll für die Kinder sorgt, wenn sie sich voller Hingabe auf die Alltagsarbeit des Haushalts einlässt, wenn der Mann seine Frau voller Hingabe pflegt, wenn sie krank ist, dann geschieht in diesen Augenblicken das Glück des »Sich-Vergessens«. George Bernanos meint einmal, es sei eine große Gnade, sich selber annehmen zu können. Wir wissen alle, wie schwer es uns fällt, uns mit all unseren Grenzen anzunehmen. Aber die Gnade aller Gnade besteht darin, sich selbst vergessen zu können. Denn in dem Augenblick, in dem ich mich vergesse, bin ich ganz präsent. Da kreise ich nicht mehr um meine Bedürfnisse. Da frage ich mich nicht danach, wie ich mich fühle, was mir der Einsatz bringt, was mir die Hingabe bringt. Da gebe ich mich einfach hin, da werde ich frei von mir selbst. Das ist genau das, was Jesus auch mit Selbstverleugnung meint: frei zu werden von der Herrschaft des Ego, das alles auf sich bezieht und immer nach dem eigenen Nutzen und Vorteil fragt. Die spirituelle Haltung der Selbstverleugnung nährt auch die Beziehung zwischen Mann und Frau. Jeder für sich wird in der Hingabe genährt und zugleich nährt er den anderen mit seiner Hingabe, ohne von ihm etwas zu fordern.

*Realismus und Bescheidung*

Das, was der spirituelle Begriff der Hingabe meint, können wir auch bescheidener ausdrücken: Es ist der Realismus der Bescheidung. Wir benutzen heute das Wort »bescheiden« oft im Sinn von »genügsam, anspruchslos«. Vom Ursprung her stammt das Wort aus der Richtersprache. Der Richter gibt uns einen Bescheid. Er teilt uns etwas zu. Unsere Reaktion auf den Bescheid des Richters ist, dass wir uns bescheiden, dass wir uns damit einverstanden erklären und keine weiteren Ansprüche stellen. Der Realismus der Bescheidung meint, dass wir an den anderen nicht ständig neue Ansprüche stellen, sondern uns mit dem bescheiden, was er ist und was er uns geben kann. Diese Bescheidung ist keine Resignation. Es ist vielmehr Anerkennung des anderen, Wertschätzung dessen, was er uns zuteilt, was er uns gibt. Wer sich nie bescheiden kann, wird nie Ruhe finden und er lässt dem anderen keine Ruhe. Er stellt immer neue Forderungen an ihn und überfordert ihn damit. Das Miteinander gelingt nur, wenn wir uns bescheiden mit dem, was wir einander zu geben vermögen. Diese Bescheidenheit ist heute keine moderne Tugend. Aber sie führt zu einer inneren Freiheit in der Beziehung und zugleich zur Haltung der Dankbarkeit. Wenn ich mich auf das einlasse, was der andere mir gibt, dann kann ich es genießen, dann entdecke ich in der bescheidenen Geste des anderen seine tiefe Liebe.

# Beziehung als (spirlitueller) Übungsweg

Spiritualität ist nicht ein Ideal, das wir verwirklichen. Sie besteht vielmehr in einem Übungsweg. Dieser Übungsweg hat als Ziel, uns selbst und alle Bereiche unseres Lebens immer mehr für Gott zu öffnen. Der spirituelle Übungsweg, den wir Benediktiner gehen, ist ein nüchterner Weg, der den ganzen Alltag umfasst. Benedikt ist skeptisch gegen hohe Ideale. Für ihn zeigt sich die Beziehung zu Gott und die Hingabe an Gott in sehr konkreten Dingen wie dem achtsamen Umgang mit dem Werkzeug, in der gediegenen Arbeit, in der klaren Ordnung und Struktur des Tages und in den konkreten Diensten wie Tischdienst und Reinigungsdienst.

Hans Jellouschek hat vor der neoromantischen Vorstellung gewarnt, die Ehe garantiere einem immer das Gefühl des Glücklichseins. Er betont, die Ehe sei keine Glücksveranstaltung, sondern ein Übungsweg, auf dem man immer wieder Glück erfahren könne. In diesem Sinn möchte ich im Folgenden verschiedene Themenfelder ansprechen, die auf dem Übungsweg der Beziehung angeschaut werden müssen. Es sind durchweg Bereiche, in denen wir nie eine ideale Auflösung der Spannung finden. Vielmehr geht es gerade darum, immer wieder eine gesunde Spannung einzuüben, die die Beziehung lebendig hält.

Was die Liebe stärkt

Die Liebe will sich in der Sexualität ausdrücken. Im sexuellen Einswerden erleben die beiden Partner den Höhepunkt ihrer Liebe. Die Liebe zwischen den Partnern braucht die Sexualität, um zu ihrer Vollendung zu kommen. Wenn die Liebe die Sexualität ausklammert, dann ist sie in Gefahr, zu vertrocknen. Aber nicht nur der sexuelle Akt vertieft die Liebe und stärkt die Beziehung. Auch die Erotik – gleichsam eine spirituelle Form der Sexualität – gibt der Liebe zwischen Mann und Frau die rechte Spannung. In der Erotik, so sagt man, prickelt es. Da ziehen sich die Partner gegenseitig an. Und diese gegenseitige Anziehung hält die Liebe lebendig. Auch im Alter gibt es Erotik und Sexualität, die die Liebe nähren. Es ist wunderbar, wenn alte Ehepaare miteinander zärtlich sind, wenn sie immer noch die erotische Anziehung des anderen wahrnehmen und wenn sie noch eine erfüllte Sexualität leben. In früheren Jahrhunderten dachte man, die Sexualität passe für alte Menschen nicht. Heute sagen uns die Psychologen, dass es auch im Alter erfüllte Sexualität gibt und dass die Sexualität auch im Alter die Liebe vertieft. Allerdings steht die Sexualität nicht mehr im Mittelpunkt. Je älter wir werden und je länger ein Paar zusammenlebt, desto klarer wird, worauf es eigentlich ankommt: den anderen bedingungslos anzunehmen und ihm in alle Bereiche seines Lebens zu folgen, auch in die Krankheit und Ohnmacht hinein.

Es gibt Zeiten, da die Partner die Sexualität nicht leben können, entweder wegen einer Krankheit oder wegen der

Schwangerschaft oder auch, weil es psychische Widerstände dagegen gibt. Wenn die Frau die Sexualität verweigert, ist es immer auch eine Krise für die Liebe zwischen Mann und Frau. Aber auch die äußeren Faktoren, die einen sexuellen Akt verhindern, sind eine Herausforderung für die Liebe. Die Liebe darf sich dann nicht auf die Sexualität fixieren. Sie muss andere Weisen finden, sich auszudrücken und gelebt zu werden. Die sexuelle Liebe wird mehr und mehr zur erotischen Liebe. Damit diese erotische Liebe – gerade in einer Krankheit – ihre Kraft nicht verliert, braucht es aber auch die spirituelle Dimension. Doch was heißt das? Ich kann mich in einer solchen Situation fragen: Was treibt mich im Tiefsten dazu, meine Frau zu lieben? Ist es nur ihre sexuelle Anziehungskraft? Ist es ihre Schönheit? Indem ich mich dieser Frage stelle, werde ich zur Tiefe meiner Liebe vorstoßen. Ich liebe die Frau, weil ich sie liebe. Ich liebe sie so, wie sie ist, mit all ihren Begrenzungen. Ich sage ja zu ihrer Person, zu ihrem Wesen, zu ihrer Einmaligkeit, unabhängig von ihrer sexuellen Anziehungskraft. Auch wenn die Sexualität eine wichtige Quelle ist, die die Liebe nährt und lebendig hält, wird sich die Liebe innerhalb der Partnerschaft immer wieder auf eine andere, letztlich auf die spirituelle Ebene hin bewegen. Liebe wird dann lebendig bleiben, wenn sie zur bedingungslosen Annahme des anderen wird, zur Treue ihm gegenüber, zur Bereitschaft, mit ihm alles zu teilen, auch die Krankheit und die Hilflosigkeit und Hilfsbedürftigkeit.

Ein wesentlicher Aspekt der Sexualität ist das Begehren. Es gibt die Gier, die im Buddhismus wie im Christentum negativ besetzt ist. Wenn ich gierig nach einer Person bin, dann benutze ich sie für mich und meine Bedürfnisse. Begehren meint aber etwas anderes als Erregung und Gier: Diese Person spricht mich an, sie zieht mich an. Ich begehre sie. Ich möchte sie leidenschaftlich lieben. Ich sehne mich nach ihr. Wenn die Frau spürt, dass der Mann sie für attraktiv und begehrenswert hält, fühlt sie sich auch wertgeschätzt. Sie spürt die Macht, die sie über ihn hat, als innere Kraft: Sie löst in ihm ein Begehren aus, das seine Liebe vertieft und leidenschaftlich und erotisch werden lässt. Und das gilt umgekehrt auch für den Mann.

Emmanuel Levinas hat das Begehren als einen Akt des Freiwerdens von sich selbst verstanden: »Im Begehren richtet sich das Ich auf den anderen; so gefährdet es die selbstherrliche Identifikation des Ich mit sich selbst.« Das Begehren führt den Mann von sich selbst weg auf die Frau hin. Aber zugleich weiß der Mann, dass sein Begehren nie ganz erfüllt wird. Nach jedem sexuellen Akt entsteht in ihm ein neues Begehren und neues Sehnen nach der Frau und nach dem Einswerden mit ihr. Levinas meint: »Das Begehrenswerte sättigt nicht das Begehren, sondern vertieft es, es nährt mich in gewisser Weise mit neuem Hunger.« Ich kann es auch so ausdrücken: Jedes Begehren weckt in mir die Sehnsucht nach einer absoluten Liebe, nach noch tieferer Liebe, nach der Erfahrung von Schönheit, Ekstase und Einswerden.

Die jüdische Tradition unterscheidet aber zwischen einem Begehren, das das Geheimnis des anderen wahrt und das sich an den anderen hingibt, und einem Begehren, in dem ich nur um mich und meine Erregung kreise. Der berühmte Rabbi Nachmanides aus dem 13. Jahrhundert schreibt dazu: »Wenn ein Mann seiner Frau in Heiligkeit anhängt, manifestiert sich die göttliche Gegenwart. Im Mysterium von Mann und Frau ist Gott. Wenn sie aber nur erregt sind, verlässt sie die göttliche Gegenwart, und es entsteht ein Feuer.« Dieses »in Heiligkeit der Frau anhängen« schließt die Sexualität mit ein. Aber es ist ein Anhängen, das das Heilige in der Frau beachtet. Heilig ist das, was meinem Zugriff entzogen ist. Es ist der innerste Kern, den ich nur verehren und ehren, aber nicht besitzen kann. Wenn ich mich in dieser Weise an die Frau hingebe, wird in solcher Liebe Gottes Gegenwart erfahrbar. Wenn ich aber nur um mich und meine Erregung kreise, dann entsteht ein Feuer, das kurz brennt, nach dessen Verlöschen ich mich selbst aber als ausgebrannt erlebe.

Das Begehren wird nie ganz erfüllt. Es weckt immer wieder unsere Sehnsucht nach einer noch größeren Liebe. Diese Sehnsucht hält unsere Liebe lebendig. Und sie befähigt uns auch, den anderen zu lieben, wenn er oder sie meinen Erwartungen oder Ansprüchen nicht genügt. Der Partner oder die Partnerin kann nie ganz meine Sehnsucht erfüllen. So ist die Sehnsucht einerseits die Kraft, die mich immer wieder antreibt, mich meiner Frau hinzugeben und die Liebe neu zu erleben. Andererseits will mich die Sehnsucht über die Liebe zu dieser Person hinaustragen – in die unendliche göttliche Liebe hinein. Die Sehnsucht kann durch die Frau oder den Mann nie ganz gestillt werden. In ihr ist immer schon der Verweis auf Gottes Liebe, in der meine Liebe zur Frau zur Vollendung kommt. Das bedeutet aber nicht, dass ich mit meiner Sehnsucht die konkrete Liebe zum Partner überspringe. Die Erfahrung der erotischen und sexuellen Liebe stachelt immer wieder meine Sehnsucht nach der unbegrenzten göttlichen Liebe an. Und die Sehnsucht nach der göttlichen Liebe lässt mich zufrieden sein mit der konkreten Liebe, wie sie zwischen uns erfahrbar ist. Wir sind dankbar für das, was wir einander schenken. Und wir verweisen uns gegenseitig in jedem Liebesakt und in der alltäglichen Liebe auf die Liebe, die größer ist als wir selbst.

## *Keuschheit und Zölibat, Reinheit und Transformation*

In der christlichen Tradition wurde Keuschheit oft mit Enthaltsamkeit gleichgesetzt. Und Keuschheit wurde dann vor allem von zölibatären Menschen verlangt. Doch das ist zu einseitig gesehen. Das deutsche Wort »keusch« ist dem lateinischen Wort *conscius* entlehnt, das ursprünglich bedeutet: bewusst, mitwissend, eingeweiht. Im Mittelalter bekam dieses Wort die Bedeutung: »der christlichen Lehre bewusst«. Daraus entwickelte sich dann die Bedeutung »tugendhaft, sittsam, enthaltsam, rein«. Keuschheit meint also nicht unbedingt den Verzicht auf die Sexualität, sondern das angemessene Verhalten in der Sexualität und den guten Umgang mit der sexuellen Energie. Keusch ist eine Liebe, die den anderen als Person meint, die ihn nicht für sich und seine Bedürfnisse benutzt, sondern ihn in seiner Einmaligkeit als Person liebt. Keuschheit könnte man als nicht besitzergreifende Haltung gegenüber dem Partner und seinem Leib bezeichnen. Keusch ist die Sexualität, wenn ich mich in ihr an den anderen hingebe, statt ihn zur Befriedigung meiner sexuellen Bedürfnisse zu benutzen. Keuschheit verstärkt und erweitert die Kraft zu lieben. Sie gibt uns die Möglichkeit, das Heilige im anderen Menschen zu sehen, das, was meinem Zugriff entzogen ist. Keuschheit hatte in der Antike immer auch kultische Bedeutung. Sie hat mit Ehrfurcht und Verehrung zu tun. Diese Ehrfurcht im sexuellen Umgang mit dem anderen ist ein wesentliches Kennzeichen von keusch gelebter Sexualität. Keusch ist also nicht, auf die Sexualität zu verzichten, sondern die Sexualität in einer Haltung zu leben, die ganz und gar den anderen meint, die nicht vermischt ist von Gier oder Sucht, die den anderen achtet und ehrt. Keusch meint letztlich, dass meine Sexualität ganz und gar personal ist, dass sich meine Person darin ausdrückt und die Person des anderen meint. Immer wenn der andere als Objekt benutzt wird, als Objekt von Gewalt, von Lustbefriedigung, von Spannungsabfuhr, wird die Sexualität unkeusch.

In der Religionsgeschichte, nicht nur der christlichen, wurde Keuschheit oft mit Enthaltsamkeit gleichgesetzt. Allerdings kannte man in den meisten Religionen nur eine zeitlich befristete Enthaltsamkeit vor bestimmten Situationen, etwa vor dem Kampf, vor einem Opfer oder aber als Vorbereitung auf besondere Konzentration. Die zeitweilige Enthaltsamkeit hatte einen ganz konkreten

Zweck. Sie diente der Kultivierung der Sexualität. Die zeitweilige Enthaltsamkeit kann, wenn sie bewusst in Kauf genommen wird, die Sexualität intensivieren und zugleich auf eine andere Ebene heben.

In der katholischen Kirche verbindet man Keuschheit vor allem mit dem Zölibat. Dabei muss man wiederum zwischen der Ehelosigkeit der Ordensleute und dem Zölibat der Weltpriester unterscheiden. Während das Ordensleben in sich mit der Ehelosigkeit verknüpft ist, müsste diese zwingende Verbindung zwischen Priestersein und Zölibat nicht sein. Das ist eine kirchengesetzliche Tradition, die auch aufgehoben werden könnte. Aber ganz gleich ob im Orden oder als Weltpriester, die Ehelosigkeit hat sicher zu einem neuen Verständnis der Sexualität geführt. Denn die Ehelosigkeit kann nicht authentisch gelebt werden, ohne dass sich die Ehelosen mit ihrer Sexualität aussöhnen und sie in ihr spirituelles Leben integrieren. Auch wenn die Integration der Sexualität bei vielen Ehelosen nicht immer gelingt und oft zur Verurteilung oder Abwertung der Sexualität oder aber zum heimlichen Ausleben der Sexualität führt, so ist die Ehelosigkeit der Ordensleute und Priester doch eine Herausforderung, die Sexualität in Spiritualität zu verwandeln, zu einer Lebensform also, die Gottes Liebe sichtbar macht.

Allerdings gelingt das nur, wenn vier Bedingungen erfüllt sind. Damit die Sexualität in Spiritualität verwandelt werden kann, braucht es eine gute Lebenskultur. Diese Kultur beginnt beim Wohnen, beim Essen und bei der Art und Weise, wie ich meinen Tag gestalte. Und sie zeigt sich im Sinn für Musik und Malerei, für Dichtung und Architektur. Die Integration der Sexualität bedarf zudem guter menschlicher Beziehungen. In diesen Beziehungen zu Männern und Frauen geht es um die Pflege einer Intimität, die die Nähe des anderen zulässt, ohne ihn erobern oder besitzen zu wollen. Die Sexualität muss ferner in Kreativität verwandelt werden. Ordensleute, die kreativ sind und kreativ mit ihrer Arbeit und ihrem Leben umgehen, können meistens auch gut mit ihrer Sexualität umgehen. Der vierte Schritt wäre eine mystische Spiritualität. Es genügt nicht, nur religiöse Pflichten zu erfüllen. Es braucht die Ahnung der Ekstase in Gott hinein. Die Sehnsucht, mit Gott eins zu werden, kann die Sehnsucht nach dem Einswerden mit der Frau aufgreifen und verwandeln.

Das Problem ist, dass heute kaum mehr ein Verständnis für die freiwillig auf sich genommene Ehelosigkeit besteht. Der Zölibat ist nicht mehr getragen durch die Gläubigen einer Gemeinde. Das hängt sicher einmal mit den Fehlformen zusammen, die manche Zölibatäre leben. Aber es hat seinen Grund auch in dem mangelnden Verständnis für die Transformation der Sexualität in Spiritualität. Es herrscht heute bei den meisten Leuten die Meinung, dass man Sexualität unbedingt leben müsse, um psychisch und physisch gesund zu bleiben. Ich persönlich mache die Erfahrung, dass Eheleute, die in einer guten Ehe leben, durchaus auch Verständnis für meine Ehelosigkeit haben. Doch Frauen, die nicht ohne Männer sein können, stellen mir oft aggressiv die Frage: »Wie können Sie nur ehelos leben? Das führt doch zum Verklemmtsein. Das macht doch krank.« In Wirklichkeit können sich Ehelose und Eheleute gegenseitig ergänzen. Die Eheleute stellen den Ehelosen die Frage, wie sie angemessen mit ihrer Sexualität umgehen. Und die Ehelosen sind für die Eheleute ein Stachel, sich nicht auf die Sexualität zu fixieren, sondern die Liebe in einem größeren Horizont zu sehen. Es geht nicht um besser oder schlechter und auch nicht um eine wertende Zuordnung im Sinne von »spiritueller« oder »weltlicher«. Ob ehelos oder verheiratet, jeder muss seinen Weg zu Gott finden. Und dieser Weg geht nicht an der Sexualität vorbei.

## Keine Verdrängung

Die Verheirateten drücken ihre gegenseitige Liebe in der Sexualität aus. Die Sexualität ist der höchste Ausdruck ihrer gegenseitigen Liebe. Wenn die Sexualität zwischen den Eheleuten nicht gelingt, müssen sie andere Ausdrucksformen für ihre Liebe finden. Der Ehelose kann seine Sexualität nicht verdrängen oder unterdrücken. Er muss sie entweder sublimieren, indem er sie in eine emotionale Liebe zu Gott transformiert, oder aber integrieren, indem er sie in alles, was er tut und spürt, hineinströmen lässt.

Noch wichtiger als die Sexualität sind aber die Liebe und die Beziehungsfähigkeit. Der Ehelose ist nicht beziehungslos und nicht liebelos. Wer seine Beziehungslosigkeit religiös als Ehelosigkeit überhöht, der wird damit sicher scheitern. Denn dann verwandelt er die Sexualität nicht, sondern kompensiert sie nur. Er sucht Ersatzweisen für sein Leben. Doch die verdrängte oder übergangene Sexualität wird sich dann in Geltungssucht und anderen

Süchten ausdrücken. Das unheilvolle Thema des sexuellen Missbrauchs von Priestern, aber auch von Lehrern, Erziehern und Therapeuten hängt mit der Verdrängung der Sexualität zusammen. Die unterdrückte Sexualität sucht nach einem Ausdruck oft bei Schwächeren. Die Verdrängung der Sexualität führt oft zur Identifikation mit den archetypischen Bildern des Helfers und Heilers. Wer sich – so sagt C. G. Jung – mit einem archetypischen Bild identifiziert, der wird blind dafür, dass er seine unbewussten Bedürfnisse auslebt. Wenn sich ein Lehrer oder Erzieher oder Priester mit dem archetypischen Bild des Heilers oder Helfers identifiziert, agiert er seine Sexualität an Kindern aus, ohne dass ihm das Verwerfliche seines Tuns bewusst wird. Das ist gerade das Gefährliche am Missbrauch, dass man ihn vor seinem eigenen Gewissen gar nicht zugibt. Man hat ihn ja gleichsam spirituell oder existentiell erhöht als Helfen oder Heilen. Daher braucht es die Demut, sich mit seiner Sexualität anzunehmen. Wer sich seiner Sexualität bewusst ist und bewusst damit umgeht, der ist geschützt vor solch verletzendem Verhalten.

Beide, Ehelose wie Verheiratete, müssen Formen finden, ihre Sexualität in Liebe zu verwandeln und sie in die Beziehungen hineinfließen zu lassen. Das gilt einmal für die Beziehung zu sich selbst. Auch sie soll eine erotische Färbung haben. Ich soll Lust haben an meinem Leib. Das gilt aber auch für die Beziehungen zu anderen Menschen. Die Sexualität zeigt uns, dass wir wesentlich auf andere bezogen sind. Wir können und dürfen nicht mit allen, die uns sympathisch sind, eine sexuelle Beziehung eingehen. Aber die Sexualität fließt in die Beziehungen hinein. Sie wird zur Erotik, die unseren Beziehungen Spannung, Lebendigkeit und Kraft verleiht. Und die Sexualität soll auch in die Beziehung zu den Dingen einfließen, indem wir sinnlich die Dinge wahrnehmen und uns daran freuen. Und letztlich möchte die Sexualität auch in unsere Beziehung zu Gott integriert werden. Das geschieht in einer mystischen Spiritualität.

Sexualität und Erotik wollen die Liebe in uns wachhalten. Ohne Liebe vertrocknet unser Leben, sowohl in der Ehelosigkeit als auch in der Ehe. Die Liebe ist auch das Zentrum der Botschaft Jesu. Jesus selbst war – so beschreiben es die Evangelien – ehelos. Aber er hat gute Beziehungen zu Frauen gehabt. Frauen sind ihm genauso gefolgt wie Männer. Frauen waren seine Schülerinnen. Und zu Maria von Magdala hatte er offensichtlich eine besondere Beziehung, ebenso zu den beiden Schwestern Maria und Marta. Jesus hat die Ehe hoch geschätzt. Das zeigen seine Worte über die Ehe und Ehescheidung. Jesus will die Ehe zwischen Mann und Frau schützen. Die Ehe ist der gottgewollte Weg für den Menschen, auch für den Christen. Doch Jesus spricht auch von der Ehelosigkeit: »Manche sind von Geburt an zur Ehe unfähig, manche sind von den Menschen dazu gemacht und manche haben sich selbst dazu gemacht – um des Himmelreiches willen. Wer das erfassen kann, der erfasse es« (Mt 19,12). Auch die jüdischen Lehrer kennen Ehelose, die vom Mutterleib an zur Ehe unfähig sind. Rabbinen nennen sie »Verschnittene durch Gottes Hand«. Dann gab es zur Zeit Jesu vor allem im griechischen Raum die Kastraten, die sich selbst verschnitten haben. Kastration war in Israel verboten. Doch

Jesus spricht von einer anderen Kastration. Es gibt Menschen, die um des Himmelreiches willen eheunfähig sind. Das Reich Gottes ist für sie so entscheidend, dass alle menschlichen Bedürfnisse dahinter zurücktreten. Die Erfahrung, dass Gott in ihnen wohnt und von ihnen Besitz ergreift, fasziniert manche so stark, dass sie davon erfüllt sind und gleichsam eheunfähig werden. Jesus macht daraus keine Norm. Er spricht vom Geheimnis der Ehe und vom Geheimnis der Ehelosigkeit. Weder Ehe noch Ehelosigkeit gelingen ohne weiteres. Beides gelingt nur, wenn wir Gott Raum geben. Jesus überlässt die Wahl jedem Einzelnen: »Wer es zu fassen vermag, soll es fassen.« Ehelosigkeit war für die Juden eher fremd. Rabbi Ben Azzai muss seine Ehelosigkeit gegen Vorwürfe verteidigen: »Was soll ich tun? Meine Seele hängt an der Thora; mag die Welt durch andere erhalten werden.« Jesus überlässt die Entscheidung für Ehe und Ehelosigkeit dem eigenen Ruf. In anderen Religionen gibt es Ehelosigkeit auf Zeit, entweder vor der Ehe oder nach einer langen Phase ehelichen Lebens. Wenn wir den Worten Jesu gerecht werden wollen, sollten auch wir den gesetzlichen Rahmen hinter uns lassen und mehr dem persönlichen Ruf des Einzelnen Raum geben.

## Lebendige und tiefe Kommunikation

Paartherapeuten haben Spielregeln für eine gute Kommunikation zwischen Partnern aufgestellt. Eine erprobte Regel ist etwa, in Ich-Botschaften zu sprechen, also von sich

Was die Liebe stärkt

und seinen eigenen Gefühlen, anstatt über den anderen zu reden. Vor allem aber geht es darum, die Empfindungen des Verhaltens des anderen zu beschreiben, ohne es gleich zu bewerten. Sobald ich den anderen bewerte oder ihn verurteile, wird die Kommunikation gestört. Ein häufiger Grund für die Störung der Kommunikation ist das Moralisieren. Wir machen dem anderen Vorhaltungen, wie er sein soll. Wir versuchen, ihm Schuldgefühle einzureden. Doch wer mit Schuldgefühlen arbeitet, versucht auf den anderen Macht auszuüben. Ich möchte im Folgenden nicht über diese normalen Regeln für eine gute und gelingende Kommunikation sprechen, sondern das Augenmerk auf den Zusammenhang einer gelingenden Kommunikation mit der Spiritualität lenken.

Spiritualität bedeutet für mich dabei nicht, dass wir uns ausdrücklich über unseren Glauben unterhalten oder Bibelgespräche führen. Das ist sicher auch eine gute Weise, miteinander ins Gespräch zu kommen und sich über das auszutauschen, was einen im Tiefsten trägt. Unter Spiritualität verstehe ich in diesem Zusammenhang etwas Allgemeineres: den Austausch über unsere tiefsten Sehnsüchte, über die tiefsten Erfahrungen, über den Grund unseres Lebens. In diesem Sinn ist jeder Mensch spirituell. Spiritualität in der Kommunikation ist die Bereitschaft, diese ganz persönlichen Dinge ins Gespräch zu bringen. Wichtig ist, nicht nur über Alltagsprobleme zu sprechen, sondern sich über das auszutauschen, was mich wirklich trägt und hält, und wonach ich mich im Innersten sehne. Spiritualität berührt so den intimsten Bereich unserer Beziehung. Doch gerade das, was uns in der Tiefe berührt, wird oft aus der Kommunikation ausgeklammert. Es braucht ein Feingefühl für die Erfahrungen und Sehnsüchte des anderen, damit wir über das sprechen können, was uns in der Tiefe unserer Seele bewegt, was uns beunruhigt, wonach wir uns sehnen und was uns eigentlich trägt.

Friedrich Hölderlin hat ein wunderbares Gedicht geschrieben, in dem er uns auch eine spirituelle Perspektive für die Kommunikation in der Ehe aufzeigt:

»Viel hat erfahren der Mensch.
Der Himmlischen viele genannt,
Seit ein Gespräch wir sind
Und hören können voneinander.«

Hölderlin spricht nicht davon, dass wir ein Gespräch im Sinne des aktuellen Miteinanderredens führen, sondern dass wir ein Gespräch *sind*. Wenn wir ein Gespräch sind, dann erfahren wir viel über das Geheimnis des Menschen und über das Geheimnis der Himmlischen, über das Geheimnis Gottes. Dann geht uns etwas auf von der Wahrheit des Menschen und von der Wahrheit Gottes. Doch die Voraussetzung dafür, dass wir zum Gespräch werden, ist, dass wir nicht nur aufeinander hören, sondern voneinander hören. Ich höre vom anderen, was er zu sagen hat. Ich nehme mir von ihm etwas. Für Hölderlin ist es eine Kunst, voneinander hören zu können. »Von« drückt immer die Herkunft aus. Im Hören voneinander haben wir teil an der Herkunft des anderen, an seiner Geschichte, an dem, was er an Erfahrungen gemacht hat.

Gespräch kommt von sprechen. Das deutsche Wort sprechen meint mehr als »Worte sagen«. Sagen kommt von zeigen. Wenn ich einem etwas sage, zeige ich ihm etwas, auf das er schauen soll. Wenn ich zu ihm spreche, dann teile ich ihm meine eigene Gestimmtheit mit. Denn sprechen hat mit »bersten« zu tun. Es bricht etwas aus mir hervor. Meine Emotionen treten in meiner Stimme hervor. Die Vorsilbe »Ge-« bei Gespräch meint, dass wir gemeinsam sprechen, dass im Sprechen eine Vereinigung geschieht. Das Gespräch führt die Sprechenden zusammen. Es verbindet sie miteinander. Und die Vorsilbe »Ge« bezeichnet das Ergebnis eines Geschehens. »Wir sind ein Gespräch« bedeutet also einmal, dass wir eine neue Qualität des Miteinanders erfahren, dass wir innerlich zusammengewachsen sind. Und es bedeutet, dass wir das Geschenk des Gesprächs erfahren haben. Wir sind Hörende und Sprechende geworden, Menschen, die im Gespräch eine innere Verbindung erfahren, die auch nach dem Gespräch noch anhält. »Wir sind ein Gespräch«, das heißt: Uns verbindet eine Gemeinschaft, in der einer sich dem anderen öffnet, in der wir uns in der Tiefe unseres Herzens zusammengehörig fühlen. Wir haben uns füreinander aufgebrochen und erleben darin die Offenheit für den anderen und für Gott, der uns im Grund unserer Seele miteinander verbindet.

Hans-Georg Gadamer, der philosophische Meister einer Kunst der Auslegung, meinte einmal, wir würden kein Gespräch »führen«, sondern in ein Gespräch hineingeraten. Vor dem Gespräch wissen wir nicht, was dabei herauskommt. Doch, wenn es ein echtes Gespräch ist, dann verwandelt es uns. Keiner geht in das Gespräch mit dem Bewusstsein, dass er die Wahrheit hat und dass er den anderen von der Wahrheit überzeugen muss. Vielmehr geschieht die Wahrheit im Gespräch. Auf einmal wird allen Gesprächspartnern etwas klarer: Die Wahrheit offenbart sich.

Im Gespräch geht es um Verständigung. Ich versuche zu verstehen, was der andere in seiner Sprache ausdrückt. Ich frage nach der Erfahrung, die hinter seinen Worten steht. Und ich versuche, mich in diese Erfahrung hineinzuversetzen und sie zu verstehen. Zugleich frage ich mich, ob ich ähnliche Erfahrungen gemacht habe und wie ich diese Erfahrungen mit meinen Worten ausdrücken würde. So geht es im echten Gespräch nie um das Rechthaben, sondern um ein Sich-Verständigen auf die Sache, die hinter den Erfahrungen steht. Diese Sache ist aber nicht etwas, das man in die Hand nehmen kann. Es ist vielmehr ein Geheimnis, das uns übersteigt. Wenn wir diese Einsichten des Dichters Friedrich Hölderlin und des Philosophen Hans-Georg Gadamer auf das Gespräch in einer Paarbeziehung anwenden, dann heißt es: Es braucht die Achtsamkeit im Hören auf den anderen, damit wir von ihm hören, damit wir im Hören von ihm erfahren, was ihn bewegt. Nur dann haben wir im Hören teil an seiner Geschichte. Und es braucht die Achtsamkeit im Sprechen, damit wir so sprechen, dass etwas Gemeinsames entsteht, etwas, das größer ist als die beiden Partner, die miteinander sprechen. Wenn diese Achtsamkeit im Hören und Sprechen geschieht, dann sprechen die beiden nicht nur *mit*einander, sie *sind* ein Gespräch. Zwischen ihnen geschieht etwas Geheimnisvolles: Verständigung. Sie stehen zueinander und füreinander ein. Sie bekommen einen gemeinsamen Stand. Sie stehen auf einem Grund, der sie trägt. Doch dieser Grund ist mehr als das, was sie selbst sind. Es ist letztlich Gott, der durch die Verständigung im Gespräch ihr eigentlicher Grund wird.

*Einsamkeit, Verschiedenheit, Gemeinsamkeit*

»Träumst vom Glück. Und lebst im Leid./ Einsam bist du sehr alleine – / und am schlimmsten ist die Einsamkeit zu zweit«, heißt es in dem Gedicht »Kleines Solo« von Erich Kästner. Es ist ein Gedicht über das Versickern einer Liebeshoffnung. Viele fürchten sich davor. Der Paartherapeut Jürg Willi bestätigt es aus seiner Praxis: »Manche fühlen sich in der Ehe einsamer und beziehungsloser als Alleinstehende.« Die Erfahrung vieler Paare am Anfang ihrer Beziehung ist die: Sie wollen gemeinsam durch das Leben gehen und ihr Leben miteinander teilen. Doch bei aller Gemeinsamkeit erfahren sie oft genug, dass sie sich einsam fühlen. Einsamkeit hat aber ein Doppelgesicht. Es gibt eine Einsamkeit, die in der schmerzlichen Erfahrung besteht, dass einem der Partner keine Resonanz gibt. Es gibt aber eine Einsamkeit auch in der Ehe, die nicht aufgelöst werden kann. Gemeinschaft ist ein Anspruch, den die Partner in der Ehe haben. Doch diese Gemeinschaft ist nur möglich, wenn jeder auch zu seiner Einsamkeit steht. Beide Partner haben sich entschlossen, gemeinsam durch das Leben zu gehen, alle Erfahrungen miteinander zu teilen. Nun erfahren sie etwas anderes: dass der andere einen im tiefsten nicht versteht, dass der andere einen nicht sieht, nicht in der Tiefe wahrnimmt. Die Folge ist Langeweile, die Erfahrung einer Mauer zum anderen hin: Einsamkeit zu zweit. Wer diese Einsamkeit in der Ehe erfährt, darf sie nicht als Anklage gegen den anderen benutzen. Sonst verstärkt er nur das Unverstandensein. Es geht darum, sich mit der Einsamkeit auszusöhnen. Sie gehört wesentlich zu uns Menschen. Auch wenn wir uns noch so nahe kommen, gibt es Bereiche in uns, in die der andere nicht eindringen kann und die er nicht versteht. Wenn ich diese Einsamkeit annehme, dann darf ich dankbar die Gemeinschaft mit dem Partner erfahren. Und ich erlebe es als beglückend, wie wir doch Wesentliches miteinander teilen können.

Eine andere Erfahrung, die viele Ehepartner machen: Sie treffen eine Frau, einen Mann, mit dem sie eine Seelenverwandtschaft spüren. Die Frau trifft einen Mann, mit dem sie sich über ihre Spiritualität austauschen kann. Der Mann trifft eine Frau, die ihn nicht kritisiert, sondern ihn in Berührung bringt mit seiner Kraft, mit seiner Kreativität, mit seiner Spiritualität. Solche Begegnungen und Freundschaften können die Ehe bereichern. Sie können aber auch zur Krise werden. Der Mann wird eifersüchtig auf seine Frau, die sich mit einem anderen Mann über Dinge verständigen kann, über die sie mit ihm nicht redet. Die Frau wird eifersüchtig auf den Mann und fühlt sich von ihm hintergangen, weil er mit einer anderen Frau eine tiefe innere Verwandtschaft spürt. Es ist immer eine Gratwanderung, wenn solche Freundschaften entstehen. Sie können die Partnerschaft zum Scheitern bringen. Sie können aber auch zum Gelingen der Partnerschaft beitragen.

Damit es ein Gelingen werden kann, sind zwei Bedingungen nötig: Die erste Bedingung ist, dass die Freundschaft klare Grenzen kennt, dass sie nicht in Konkurrenz gerät zur Ehe, dass sie also keine sexuelle Beziehung wird. Die zweite Bedingung ist, dass die Partner sich ihrer eigenen Grenzen bewusst werden. Wenn der Mann sich eingesteht, dass er spirituell nicht so begabt ist und dass er über Spiritualität mit seiner Frau nur sehr eingeschränkt sprechen kann, wenn die Frau sich eingesteht, dass sie nicht alle Bedürfnisse des Mannes erfüllt, dann kann eine Freundschaft zu einer anderen Frau und zu einem anderen Mann zum Segen für die Ehe werden. Aber die Voraussetzung ist die Ehrlichkeit im Umgang miteinander. Und die Dankbarkeit für das, was ich mit dem Partner teile, für die Treue, für die tägliche Zuverlässigkeit, für seine Liebe, die mich trägt. Wenn ich die Freundschaft zu einer anderen Frau mit dem versteckten Vorwurf beginne, dass meine Frau so viele Defizite hat, dass sie mich nicht richtig annimmt, während die andere Frau mich versteht, dann gefährdet eine solche Freundschaft die Ehe. Es ist gut, in so einer Situation mit einem Dritten zu sprechen, mit einem Freund oder aber mit einem Therapeuten.

Die Partnerschaft wird normalerweise befruchtet, wenn die Partner von ihrer Veranlagung her verschieden sind. Die Verschiedenheit kann sich auf die Charakterstruktur, auf die Herkunft, auf Interessen oder auf die religiöse Ausrichtung beziehen. Solche Verschiedenheit kann eine gesunde Spannung zwischen den Partnern erzeugen, die

die Ehe belebt und die Liebe vertieft. Natürlich gibt es auch eine Verschiedenheit, die so groß ist, dass keine Gemeinsamkeit entsteht. Wenn die Partner verschieden sind, dann ist das eine Herausforderung, sich über viele Themen auszutauschen, auf die Bedürfnisse und Erfahrungen des anderen zu hören und sich davon in Frage stellen, aber auch bereichern zu lassen. Aber entscheidend ist, dass beide Partner die Verschiedenheit und das Anderssein des anderen akzeptieren und neugierig sind auf das, was ihn bewegt. Wenn sie den anderen unter Druck setzen, er müsse doch der gleichen Meinung sein oder gleiche Interessen zeigen, dann wird die Verschiedenheit eher zum Anlass dauernden Streites.

In Gesprächen erzählen mir manchmal Frauen, dass sie einen Freund haben, mit dem sie sich gut verstehen. Aber er ist nicht religiös. Er hat keinen kirchlichen Hintergrund. Er ist zwar getauft, aber er hat den Glauben nie praktiziert. Sie fragen, ob der gemeinsame Weg gut gehen kann, wenn der andere nicht glaubt. Wenn mir der Glaube wichtig ist, dann muss ich den Glauben in der Beziehung zum Freund und zum Ehepartner auf jeden Fall ansprechen. Er muss nicht den gleichen spirituellen Hintergrund haben. Aber ich darf von ihm erwarten, dass er meinen spirituellen Weg ernst nimmt und gelten lässt. Es genügt nicht, wenn er nur eine passive Toleranz zeigt. Ich brauche auch sein Interesse, seine Offenheit für diesen Teil meines Lebens. Er muss meinem spirituellen Weg nicht folgen. Aber ich möchte mit meiner Spiritualität geachtet und ernst genommen werden. Manche Männer lehnen Spiritualität ab, weil sie sich nicht auf die Tiefe ihrer eigenen Seele einlassen. Wenn ich den

Eindruck habe, dass der andere nur oberflächlich lebt, dann muss ich mich allerdings schon fragen, ob ein gemeinsamer Weg möglich ist. Ist das, was uns verbindet, so stark, dass es auch diese innere Distanz zu überbrücken vermag? Oder habe ich die Angst, dass ich auf meinem spirituellen Weg alleingelassen werde? Wenn ich den spirituellen Weg ganz allein gehe, werde ich ihn dann irgendwann einmal aufgeben? Solche Fragen brauchen das Gespräch miteinander und eine angemessene Antwort. Man kann nicht von vornherein sagen, dass eine Ehe nicht glücklich wird, wenn beide auf der spirituellen Ebene weit auseinanderliegende Vorstellungen und Ziele haben. Aber die beiden Partner müssen sich darüber klar werden, wie sie mit der Spiritualität des einen oder des anderen umgehen. Früher gab es bei vielen katholischen Partnern Probleme, wenn der andere Partner evangelisch war. Das ist heute kaum mehr ein Problem. Allerdings muss man sich auch hier unterhalten, wie man es mit dem Kirchgang und mit der Taufe hält. Man kann die Kinder ja nur in einer Konfession taufen lassen. Schwieriger wird es, wenn der andere Partner einer anderen Religion angehört. Dann sollte man wirklich prüfen, ob das gut gehen wird. Ich habe Frauen erlebt, die einen Moslem geheiratet haben, weil sie ihn sehr geliebt haben. Doch sie haben nicht mit den sozialen und kulturellen Konsequenzen gerechnet, die die Religion für einen Moslem gerade für seine Beziehung zu Partnerin und Kindern haben kann.

Ich habe auch erlebt, dass sich eine gläubige Frau und ihr Mann, der ungetauft war und von seiner Herkunft ungläubig, auf sehr gute Weise ergänzt haben. Die Frau hatte immer auch den Wunsch gehabt, einen gläubigen Partner zu finden. Eine erste Freundschaft mit einem jungen Mann, für den der Glaube wichtig war, war auseinandergegangen. Der geteilte Glaube allein ist also noch keine Garantie, dass eine Beziehung gelingt. Denn manchmal verstecken Männer hinter ihrem Glauben auch ihren Mangel an Beziehungsfähigkeit und Klarheit. Im Gespräch mit ihrem ungläubigen Mann, der aber offen und interessiert war an ihrem Glauben, wurde die Frau immer wieder vor die Frage gestellt: Was glaube *ich* denn wirklich? Was gibt mir mein Glaube? Und warum glaube ich? Und wie möchte ich diesen Glauben konkret leben? Wenn beide Ehepartner sich füreinander öffnen, kann also die unterschiedliche spirituelle oder religiöse Orientierung das Miteinander bereichern. Aber es gibt auch genügend Fälle, wo einer den anderen doch überzeugen und auf seine Seite ziehen möchte. Dann wird die verschiedene Orientierung zur Belastung der Beziehung.

### Strukturen entwickeln

Es gibt keine Ehe, keine Partnerschaft ohne Spannungen und Konflikte. Mit Konflikten gut umzugehen, ist ein Teil der Kunst des gemeinsamen Wachsens. Wichtig ist es, die Konflikte, die entstehen, nicht dem anderen zum Vorwurf zu machen: »Du bist schuld. Ich versuche ja, friedlich zu sein. Ich gebe ja immer nach. Aber du kannst nie genug kriegen.« Solche Vorwürfe vergiften die Atmosphäre. Wenn ein Konflikt entsteht, dann sollen die beiden Konfliktpartner sich immer bewusst sein: Der andere darf anders denken und er muss nicht so fühlen wie ich. Ich mache ihm den Konflikt nicht zum Vorwurf. Der Konflikt kann eine Chance sein, von den oberflächlichen Reibungspunkten in die Tiefe zu gelangen, dorthin, wo wir unseren gemeinsamen Grund haben. Dieser gemeinsame Grund kann auch verschiedene Standpunkte aushalten und tragen. Wir müssen nicht einer Meinung sein. Es muss nicht immer Harmonie herrschen. Jeder Konflikt führt zur Reibung. Er kann uns aufreiben. Aber er kann uns auch näher zusammenbringen. Wo Reibung ist, sagt das Sprichwort, da entsteht Wärme. Konflikte führen oft zu einer größeren Wärme in der Liebe.

Paartherapeuten sprechen von der Notwendigkeit einer guten Streitkultur in einer Partnerschaft. Wenn Menschen eng zusammenleben, hilft es nicht, alle Probleme und Konflikte nur unter den Teppich zu kehren. Streit ist nicht an sich schon negativ. Die Auseinandersetzung über die Themen, die die Partner bewegen, kann stimulierend sein und die Beziehung beleben. Wenn beide noch miteinander streiten, zeigen sie, dass sie ein Interesse aneinander haben. Der Paartherapeut Hans Jellouschek kennt freilich auch die typischen Streitpaare, die immer weiter streiten, weil jeder im Streit Recht haben möchte. Wenn ich in den Streit mit dem Anspruch gehe, dass ich Recht habe, dann wird der Streit unfruchtbar. Ein Streit soll die verschiedenen Standpunkte klar herausarbeiten. Bei manchen Verschiedenheiten kann man sich auf einen gemeinsamen Nenner einigen. Bei anderen geht es darum, die verschiedenen Standpunkte stehen zu lassen. Ich kann den anderen akzeptieren, auch wenn ich mich in bestimmten Dingen nicht mit ihm einigen kann. Indem ich die verschiedenen Standpunkte stehen lasse, bekommen wir einen gemeinsamen Stand, der größer und stabiler ist als der enge Standpunkt des Einzelnen. Wir entdecken bei aller Verschiedenheit die gemeinsame Grundlage, auf der wir stehen.

## Eifersucht

Ein Problem, mit dem sich viele Paare herumschlagen und das häufig zu Streit führt, ist Eifersucht. Eine Frau erzählte mir, dass sie ihre Eifersucht einfach nicht in den Griff bekomme. Sie ist eifersüchtig auf die Sekretärin ihres Mannes, die ihn täglich acht Stunden in der Arbeit sehen kann. Die Eifersucht führt sie zu allerhand Phantasien, dass ihr Mann mit seiner Sekretärin ein Verhältnis haben könnte. Sie wirft das dem Mann oft vor oder fragt ihn bohrend, ob er wirklich nichts mit ihr habe. Der Mann beteuert ihr immer wieder, dass an solchen Vermutungen gar nichts dran sei. Ihre Reaktion ist ambivalent: Auf der einen Seite glaubt sie ihm. Aber wenn er auf der Arbeit ist, gehen die eifersüchtigen Phantasien immer wieder mit ihr durch. Und sie hat den Eindruck, dass sie mit ihrer Eifersucht ihre Ehe gefährdet. Denn irgendwann kann es – so befürchtet sie – dem Mann zu viel werden, sich ständig rechtfertigen zu müssen.

Wir sehen Eifersucht oft als etwas Negatives an. In der jüdischen Mystik, im Buch »Sohar« heißt es dagegen: »Wer liebt, ohne eifersüchtig zu sein, der liebt nicht wirk-

Was die Liebe stärkt

lich.« Dieser Satz kann die Frau von ihrem schlechten Gewissen befreien. Ihre Eifersucht ist ja auch Ausdruck ihrer großen Liebe zu ihrem Mann. Aber trotzdem will sie einen Weg finden, so mit ihrer Eifersucht umzugehen, dass sie keine Belastung für ihre Ehe wird. Was kann sie tun? Zum einen ist es wichtig, mit der Eifersucht zu sprechen. In meiner Eifersucht steckt die Sehnsucht, dass der andere ganz allein für mich da ist und allein mich liebt, anschaut und achtet. Indem ich mir diese Sehnsucht bewusst mache und sie formuliere, merke ich, wie unrealistisch sie ist. Ich kann den anderen nicht besitzen und kontrollieren. Er ist ein freier Mensch. Natürlich spricht er auch mit anderen Frauen. Ich verurteile mich aber nicht wegen meiner Eifersucht. Ich sehe darin vielmehr den Ausdruck meiner Liebe, aber zugleich auch den Ausdruck meiner zu großen Bedürftigkeit nach absoluter Sicherheit. Indem ich meine Bedürftigkeit zugebe, kann ich sie relativieren. Und letztlich führt mich das Gespräch über die Eifersucht auf eine spirituelle Ebene. Es zeigt mir: Ja, ich habe keine Garantie, dass sich mein Partner auch für andere Frauen interessiert. Ich kann nur vertrauen, dass er mich liebt. Und ich kann vertrauen, dass Gott unsere Liebe segnet. Ich mache mich nicht völlig abhängig von der Zuwendung meines Mannes. Ich bin auch als diese einmalige Frau von Gott geliebt und vor ihm wertvoll. Das Getragensein von Gottes Liebe vermag meine Eifersucht allmählich zu verwandeln. Wenn sie auftaucht, erinnert sie mich zum einen an meine tiefe Liebe zu meinem Mann, zum anderen an meine Sehnsucht, in Gott eine Liebe zu finden, die nicht brüchig ist, auf die ich für immer bauen kann.

Ganz gleich, wie ich mit meiner Eifersucht umgehe, sie wird sich immer wieder zu Wort melden und in mir Schmerzen hervorrufen. Aber gerade die Schmerzen können die Liebe vertiefen. Es gibt keine leidenschaftliche Liebe ohne Leiden. Für die Mystiker des Mittelalters war die Passion Jesu Ausdruck seiner leidenschaftlichen Liebe zu uns Menschen. Er hat seine Liebe zu uns auch körperlich ausgedrückt, indem er dem Schmerz nicht aus dem Weg gegangen ist. Er hat den Schmerz nicht gesucht, sondern ihn verwandelt in einen Ausdruck der Liebe. Das erfahren auch Ehepaare oder Freundespaare. Wenn der eine schmerzlich seine Eifersucht spürt, für die er gar keine Gründe hat, die aber trotzdem in ihm auftaucht, dann kämpft er nicht dagegen, sondern lässt sich von dem Schmerz in die Tiefe seines Herzens führen. Dort in der Tiefe seines Herzens wird er dem geliebten Menschen begegnen. Dort wohnt der oder die Geliebte in ihm. Und dort auf dem Grund seines Herzens vertieft sich seine Liebe. Dort ist er ganz und gar offen für die Liebe und für den geliebten Menschen. Der Schmerz, den wir in der Liebe zum anderen erfahren, bricht uns letztlich auf für Gott, der Liebe ist. Dieser spirituelle Übungsweg der Liebe zeigt aber auch den Unterschied zum buddhistischen Weg der Erleuchtung, die man durch meditatives Versenken in sich selbst erreichen möchte. Der Weg der Liebe geht über den Schmerz, letztlich über das Kreuz. So ist letztlich das Kreuz das eigentliche Bild spiritueller Einübung in die Liebe.

*Schuld und Versöhnung*

Ob wir wollen oder nicht: In einer Paarbeziehung verletzen wir einander immer wieder. Manche reiben sich wund mit ihren gegenseitigen Verletzungen. Ein Mechanismus setzt ein: Wenn der andere mich verletzt, muss ich ihn auch verletzen. Oder ich fühle mich ständig verletzt. Ich fühle mich als Opfer, auf das man ständig dreinschlägt. Da wir den Verletzungen nie ganz entgehen werden, kommt es darauf an, wie wir mit ihnen umgehen. Die Verletzungen können auch eine Chance sein, sich selbst besser kennen zu lernen. Denn durch die Wunden, die mir der Partner schlägt, komme ich in Berührung mit den Wunden meiner Kindheit. Anstatt dem anderen vorzuwerfen, was er mir antut, nehme ich die Verletzung als Gelegenheit: Ich schaue meine eigene Empfindlichkeit an und söhne mich mit den Wunden meiner Vergangenheit aus. Letztlich ist auch das eine spirituelle Aufgabe. Denn die Wunden wollen mich aufbrechen für mein wahres Selbst und für den anderen in seiner Andersheit. Die Verletzungen zerbrechen meine Vorstellungen, die ich mir von mir selbst und von meiner Partnerschaft gemacht habe. Letztlich wollen mich die Verletzungen aufbrechen für Gott, den eigentliche Grund meines Lebens. Dort, wo er in mir wohnt, kann der andere uns nicht verletzen. So verweisen uns die täglichen Verletzungen und Kränkungen an den inneren Ort der Stille in uns, an dem wir heil sind und ganz und an dem niemand uns zu kränken vermag.

Es gibt nicht nur die täglichen Verletzungen, die oft unbewusst geschehen. Es kann sein, dass der Partner wirklich an mir schuldig geworden ist. Er hat mein Vertrauen missbraucht. Er hat – um die Sprache der Zehn Gebote zu benutzen – die Ehe gebrochen und sich nicht an sein einmal vor Gott und den Menschen gegebenes Versprechen gehalten. Vielleicht hat er die Beziehung zu einer anderen Frau verschwiegen oder sogar geleugnet, als er darauf angesprochen wurde. Er hat Schuld auf sich geladen. Die Frage ist, wie wir mit dieser Schuld umgehen. Es gibt Ehen, in denen dieser Partner sein Leben lang im Bußgewand herumlaufen muss. Es gibt keine Vergebung. Sobald er einen Fehler macht oder einen Wunsch äußert, bekommt er den Vorwurf zu hören: »Du brauchst dir gar nichts einzubilden. Du hast mich damals so verletzt.« Die Schuld wird als dauernder Vorwurf benutzt. Der andere hat keine Chance mehr, auf gleicher Ebene zu kommunizieren. Hier zeigt sich, dass eine Ehe nicht ohne Vergebung auskommt. Vergebung heißt natürlich nicht, dass ich die Schuld des anderen übersehe. Ich sehe die Schuld und konfrontiere den anderen damit. Er soll merken, wie sehr er mich verletzt hat. Und ich bin auch bereit, zu vergeben und das, was vergangen ist, zu lassen. Ein Versöhnungsritual kann dabei helfen, die Vergebung für beide Wirklichkeit werden zu lassen.

Eine wichtige Frage ist auch: Wie gehe ich mit meiner eigenen Schuld um? Denn ob wir wollen oder nicht, wir werden im Miteinander einer Ehe immer aneinander schuldig. Wir bleiben dem anderen und uns selbst immer etwas schuldig. Wir fühlen uns schuldig, wenn wir den anderen verletzt haben, wenn wir nicht achtsam genug waren, wenn wir nach außen hin versagt haben. Auch wer in der

Ehe untreu war, fühlt sich am anderen schuldig. Manche verdrängen das und gehen zur Tagesordnung über. Andere können sich selbst nicht mehr aushalten. Sie werfen sich ständig vor, dass sie in diese Situation geraten sind. Sie verstehen sich selbst nicht mehr und lehnen sich ab. Auch hier ist es wichtig, dass ich mit meiner eigenen Schuld so umgehe, dass ich nicht alle Selbstachtung verliere. Jesus zeigt uns im Gleichnis vom ungerechten Verwalter, wie wir mit unserer Schuld umgehen sollen (vgl. Lk 16,1–8). Wir können sie weder durch Leistung oder Wiedergutmachung abzahlen. Noch können wir sie durch Betteln oder indem wir uns klein machen aus der Welt schaffen. Der einzige Weg ist, vom Thron der eigenen Selbstgerechtigkeit herunterzusteigen und Mensch unter Menschen zu werden. Der Verwalter teilt die Schuld mit den anderen Schuldnern. Er sagt sich: »Ich bin schuldig, du bist schuldig. Also teilen wir uns die Schuld.« Auf diese Weise können sich alle in die Augen schauen. Bedingung für diesen Umgang ist freilich, dass ich daran glaube, dass Gott mir vergeben hat. Wenn er mir vergeben hat, muss auch ich mir selbst vergeben und darf mir nicht ständig meine Schuld vorwerfen. Denn das würde mich lähmen und die Liebe nicht vertiefen, sondern langsam aushöhlen. Eine Liebe, die mit Schuldgefühlen vermischt ist, löst sich allmählich auf.

Aber wie geht es der Frau, deren Mann sie betrogen hat? Wie geht es dem Mann, wenn er erfährt, dass seine Frau einen Geliebten hat? Eine Frau hat von ihrer Freundin gehört, dass ihr Mann eine Beziehung hat. Sie stellt ihn zur Rede. Er leugnet es. Dann kontrolliert sie sein Handy und liest die SMS der Geliebten. Ihr Vertrauen ist zerstört. Sie ist nur noch voller Schmerz und Wut und Enttäuschung. Wie kann sie aus diesem Gefühlschaos wieder herauskommen? Es hilft ihr nicht, ihre Verletzung zu überspringen. Sie soll dem Mann ihren Schmerz und ihre Enttäuschung und Wut zumuten. Er soll spüren, wie sehr er seine Frau verletzt hat. Er muss sich seiner Schuld stellen. Erst nachdem der Schmerz und die Wut zugelassen und ausgesprochen wurden, kann die Frau versuchen, ihrem Mann zu vergeben. Aber es wird ein Misstrauen bleiben. Das Grundvertrauen hat einen Riss bekommen. Das ist eine Herausforderung für die Frau. Sie kann ihr Leben nicht allein auf den Mann bauen. Sie braucht ein tieferes Vertrauen. Das ist letztlich das Vertrauen auf Gott. Sie kann diese Situation nur aushalten, wenn sie ihr Lebenshaus auf Gott baut und nicht auf ihren Mann. Die Verletzung zwingt sie also, von der rein psychologischen auf die spirituelle Ebene zu gehen. Das relativiert die menschliche Verletzung. Doch darf die Spiritualität keine Flucht vor der Verletzung sein. Dann würde die Frau den Schmerz nicht wirklich wahrnehmen. Sie würde sich auf die spirituelle Ebene zurückziehen und sich letztlich der menschlichen Auseinandersetzung entziehen. Es ist beides wichtig: Die spirituelle Ebene relativiert den Schmerz und gibt der Frau mitten in den chaotischen Gefühlen einen Grund, auf dem sie stehen kann. Aber dann geht es auch darum, rein menschlich die Situation zu klären. Das Beste ist: Sie redet mit ihrem Mann über den Vertrauensbruch und die tiefe Verletzung. Sie überlegen beide, wie sie das Vertrauen wieder herstellen können. Das braucht feste Regeln, an die sich der Mann halten muss. Aber es braucht

　　　　　　　　Was die Liebe stärkt

auch die Bereitschaft, dem Mann zu vergeben, auch wenn die Vergebung noch nicht das Herz erreicht. Es braucht den Willen, dem Mann wieder vertrauen zu wollen. Zugleich könnten die beiden die Ursachen anschauen, ohne dem anderen alle Schuld zuzuschieben. Was ist in der eigenen Ehe schiefgelaufen? Hat sich da zu sehr Gewohnheit breitgemacht? Ist die Liebe zerronnen? Oder waren beide zu wenig achtsam? Haben beide zu wenig in die gegenseitige Liebe investiert? Und so kann die Verletzung für beide wieder zum Segen werden. In solchen Situationen ist oft Hilfe von außen wichtig. Es braucht Geduld, bis die Wunde heilt und sich in eine Perle verwandelt. Manchmal gelingt es allerdings nicht. Dann bleibt nur die Trennung als Weg, die Wunde zu heilen.

## Vertrauen und Offenheit

Die Liebe braucht ein Klima des Vertrauens und der Offenheit, damit sie gedeiht und Frucht bringt. Vertrauen kann man vom anderen nicht einfordern. Vertrauen wächst. Vertrauen zum Partner, gesundes Selbstvertrauen und Vertrauen zu Gott gehören zusammen. Wer kein Selbstvertrauen hat, tut sich auch schwer, dem anderen zu vertrauen. Wer in die Partnerschaft seine Mutterwunde mitbringt, der erwartet vom Partner oder von der Partnerin, dass sie sich ständig um ihn kümmert. Ein Mensch mit einer solchen Geschichte bekommt nie genug Zuwendung. Wer seine Vaterwunde mit sich trägt, der hat in sich ein tiefes Misstrauen. Er wird, wenn dieses Misstrauen geweckt ist, jedes Wort, das der andere ganz ehrlich meint, als Angriff gegen sich auslegen, und jeden Blick sofort als Ablehnung deuten. In so einem verwundeten Klima ist es nicht einfach, Vertrauen aufzubauen. Bevor das Vertrauen zum anderen wachsen kann, muss ich mich erst meinen eigenen Wunden stellen. Aber manchmal kann das Vertrauen des Partners auch meine Wunden heilen. Freilich nur dann, wenn ich meine Wunden nicht überspringe.

Wer in seiner Lebensgeschichte erfahren hat, dass sein Vertrauen enttäuscht worden ist, der tut sich schwer, dem Partner in allem zu trauen. Andere sind zu vertrauensselig. Ein Mann erzählte mir, dass er seiner Frau alles Geld anvertraut hatte, bis er gemerkt hat, dass sie das Konto heillos überzogen hatte und an ihren ehemaligen Freund große Überweisungen getätigt hatte. Vertrauen braucht also immer auch einen Sinn für die Realität. Es gibt kein absolutes Vertrauen. Gesundes Misstrauen darf sein. Aber wenn das Vertrauen durch die Erfahrung der Zuverlässigkeit des anderen wächst, dann vertreibt es mehr und mehr das im Unbewussten lauernde Misstrauen. Vertrauen lebt vom Vorschuss. Ich darf nicht warten, bis der andere mir vertraut. Aber der Vertrauensvorschuss ist nicht unendlich. Er greift über die momentane Situation hinaus, in der Hoffnung, dass durch meinen Vorschuss mehr Vertrauen wächst. Und je größer das Vertrauen wird, desto größer auch der nächste Vertrauensvorschuss. So wächst das Vertrauen und schafft eine Atmosphäre der Offenheit, in der wir über alles reden können und keine Angst haben müssen, dass unsere Worte falsch ausgelegt oder gar weitererzählt werden. Dieses Klima des Vertrauens und der Offenheit führt dazu, dass wir uns aufeinander verlassen können. Wenn ich mich blind auf den anderen verlassen kann, dann entsteht ein Klima von Freiheit und Sicherheit. Dieses Klima lässt die Liebe gedeihen und immer stärker wachsen.

Offenheit heißt nicht, dass ich in den anderen eindringen will und dass er alles preisgeben soll, was in seiner Seele vor sich geht. Vertrauen sollte nie fordernd sein. Bei aller Offenheit bleibt in jedem Partner auch ein Raum des Geheimnisses, in das der andere nicht eindringen kann. Geheimnis meint nicht, dass der andere etwas vor dem anderen geheim hält, weil er sich dessen schämt. Es geht darum, dass es in ihm etwas gibt, worüber er nicht sprechen kann, weil er es selbst gar nicht genau zu beschreiben vermag. Es gibt in uns ein Geheimnis, das uns übersteigt. Letztlich berühren wir in diesem Geheimnis auf dem Grund unserer Seele das Geheimnis Gottes selbst. Karl Rahner, mein theologischer Lehrer, hat Gott immer das absolute Geheimnis genannt. Genauso wenig wie wir das Geheimnis Gottes erforschen können, vermögen wir das Geheimnis der eigenen Seele und das Geheimnis des anderen zu analysieren.

Eine andere Spannung entsteht bei aller Offenheit: die Spannung von Offenheit und Authentizität. Jeder der beiden Partner ist auch ganz er selbst, er ist authentisch, er ist in Berührung mit dem »*autos*«. »*Autos*« bezeichnet für die stoische Philosophie das innere Heiligtum des Menschen, den geheiligten Bezirk seines wahren Selbst. Dieser geheiligte Bezirk bleibt bei aller Offenheit dem anderen unzugänglich. Wir sollen uns selbst dem anderen offenbaren, dabei aber immer wissen, dass wir das innerste Geheimnis dieses Selbst nicht bloßlegen können. Da ist es gut, wenn wir in dem Klima des Vertrauens und der Offenheit nicht zudringlich werden, sondern uns immer wieder zurücknehmen und uns bescheiden mit dem, was der andere uns und was wir dem anderen offenbaren können. Entscheidend ist, dass ein Klima entsteht, in dem jeder sich frei fühlt, das zu sagen, was ihn bewegt, ohne dass er sich gedrängt fühlt, alles sagen zu müssen.

In einem Klima der Offenheit können die Partner über alle Probleme sprechen, die sie bewegen, nicht nur über die Wunden ihrer Vergangenheit, sondern auch über das, was sie belastet. Wenn einer den Mut hat, darüber mit dem Partner zu sprechen, spürt er, dass seine Last geringer wird, weil der andere sie mit trägt. Da erfährt er, was Paulus das Gesetz Christi nennt: »Einer trage des anderen Last; so werdet ihr das Gesetz Christi erfüllen« (Gal 6,2). Dieses Gesetz gilt aber auch für die Belastungen, die beide Partner zugleich treffen.

Oft belastet die Unzufriedenheit eines Partners mit seiner Arbeitssituation die Ehe. Wenn der Mann heimkommt, nimmt er die Probleme vom Arbeitsplatz mit nach Hause. Er ist gereizt. Die Frau spricht ihn an, bekommt aber nur kurze patzige Antworten. Sie weiß nicht, woran sie ist. Sie möchte sich gerne mit ihrem Mann unterhalten. Aber er ist verschlossen. Er ist nicht in der Stimmung dazu. Oder aber die Frau kommt nach Hause und jammert, dass ihre Chefin ihr das Leben so schwer macht, dass sie es nicht mehr aushalten kann. Dann fühlt sich der Mann als Mülleimer für seine Frau. Es ist gut, wenn die beiden Ehepartner über ihre Unzufriedenheit miteinander sprechen. Aber keiner soll den anderen nur als Mülleimer benutzen. Denn sonst wird er es leid, sich das Jammern des anderen anzuhören. Beide sollen nach Lösungen suchen, wie sie anders mit der Unzufriedenheit umgehen können. Eine Lösung könnte die Suche nach einem neuen Arbeitsplatz sein. Eine andere, dass wir unsere Einstellung ändern, dass wir dem anderen nicht zu viel Macht geben. Auch hier wäre die spirituelle Ebene hilfreich. Zum inneren Raum der Stille, in dem Gott in uns wohnt, hat der Chef oder die Chefin keinen Zutritt. Da sind wir geschützt. Da können wir unsere Identität durchhalten, ohne uns zu verbiegen. Wir beobachten von diesem inneren Raum aus das Verhalten des Chefs, ohne uns davon betreffen zu lassen. Das gibt uns innere Unabhängigkeit und Freiheit. Manchmal gebe ich dann auch den Rat, sie sollen mit dem Bild zur Arbeit gehen, dass sie ins Theater gehen und zuschauen, was der Chef für ein Drama aufführt. Sie sollen zuschauen, aber nicht mitspielen. Dann hat der Chef keine Macht über sie. Und wenn er spürt, dass die Mitarbeiterin nicht mitspielt, wird er es irgendwann leid sein, allein seine Dramen weiterzuspielen. Vielleicht wird er dann andere Verhaltensweisen an den Tag legen.

### Verbindlichkeit und Verantwortung

Heute von Verbindlichkeit in der Partnerschaft zu sprechen, scheint dem Zeittrend zu widersprechen. Ein Drittel aller Ehen werden geschieden. Lange waren Scheidungen im Alter eine Seltenheit. Die meisten Paare ließen sich schon einige Jahre nach der Eheschließung oder dann in der Krise der Lebensmitte scheiden. Heute sind zehn Prozent aller Paare, die sich scheiden lassen, länger als 25 Jahre verheiratet. Die Zahl der Scheidungen hat sich seit 1975 verdoppelt. Bei den Scheidungen nach mehr als 25 Ehejahren reichen in zwei Dritteln der Fälle die Frauen die Scheidung ein. Sie haben das Gefühl, dass sie in der Ehe krank werden oder aber sich selbst nicht verwirklichen können. Wie kann man in diesem Klima von Verbindlichkeit und Verantwortung sprechen, ohne den moralisierenden Zeigefinger zu erheben?

Ein evangelischer Pfarrer schlug bei einer Akademietagung über Ehe einmal vor, statt der alten Trauformel »bis der Tod euch scheidet«, zu sagen: »solange es gut geht«. Dagegen gab es Protest von seinen Amtskollegen. Ihr Argument: Das nimmt der Ehe ihre Würde. Auch die Paare, die sich nach 25 Jahren scheiden lassen, hatten einmal gehofft, dass sie ihr Eheversprechen halten können, in guten und schlechten Tagen miteinander zu leben. Wohl die meisten, die heute eine Ehe schließen, hoffen auf die Verbindlichkeit des Versprechens, das der andere ihnen gibt. Und sie sind überzeugt, dass sie dem Partner treu sein werden. Im Entschluss, einander zu heiraten, ist der Wille zur Verbindlichkeit ausgedrückt. Bei der kirchlichen Hochzeit versprechen die beiden Partner sich gegenseitig die Treue »in guten und bösen Tagen, in Gesundheit und Krankheit.« Und sie fahren fort: »Ich will dich lieben, achten und ehren, solange ich lebe.« Es ist ein großes Wort, das sich die Partner im Vermählungsspruch einander zusagen. Es kommt darauf an, dieses Wort dann durchzuhalten. Denn es kommen Tage, die nicht so gut sind. Tage, wo man sich auf die Nerven geht, wo die Ehe in eine Krise gerät, da man das gemeinsame Fundament nicht mehr sieht. Den anderen auch dann lieben, wenn böse Tage kommen, das ist Ausdruck einer spirituellen Liebe, die mehr ist als eine erotische Liebe. Dieses Versprechen gilt auch, wenn der Weg der Ehepartner auseinandergeht, aus welchen Gründen auch immer. Auch dann kommt es darauf an, den Partner weiter zu lieben, zu achten und zu ehren. Wenn ich den Partner, der mich verlassen hat, nur schlechtmache, dann mache ich einen Teil von mir schlecht. Denn immerhin habe ich mit diesem Mann, mit dieser Frau eine Zeit lang gelebt. »Ehren« im Gespräch heißt nicht, dass ich seine Schuld verdränge oder dass ich den Schmerz unterdrücke, den er mir mit seiner Trennung bereitet hat. Aber ich ehre in ihm oder ihr immer noch den oder die, den oder die ich einmal geliebt habe. Und ich ehre ihn als Vater, bzw. sie als Mutter meiner Kinder. Ich verliere die Achtung nicht, auch wenn er oder sie vielleicht Wege geht, die ich nicht verstehe und die negative Seiten in ihm zeigen.

Die Ehepaare, die sich bei der Hochzeit die Treue in guten und bösen Tagen versprechen, meinen es ernst. In Gesprächen mit Geschiedenen erlebe ich immer wieder, dass diese Worte wie ein Stachel im Gewissen waren, der das Paar zusammengehalten und die Entscheidung für die Scheidung lange verhindert hat. Die Menschen haben also auch heute eine Ahnung von Verbindlichkeit und Treue. Die Treue entspricht der tiefsten Sehnsucht des Menschen. Treue kommt von Festigkeit. Treue gibt den Ehepartnern einen festen Grund, auf dem sie stehen können. Treue – so sagt der Philosoph Friedrich Bollnow – ist immer Du-Treue. Ich verspreche nicht ein Verhalten, sondern ich verspreche mich dem anderen. Ich verspreche, dem anderen gegenüber treu zu sein. Manche meinen, wir könnten keine Treue versprechen, wir müssten uns ja jeden Augenblick neu entscheiden. Doch Bollnow sagt zu Recht, dass die Treue mich als Person in einer guten Weise festlegt. Sie zeigt mir, dass ich über den Augenblick hinausreiche. Treue spricht bei allen Wandlungen, die wir durchmachen, das Gleichbleibende in uns an, das, was unsere Identität im tiefsten ausmacht. Dem anderen Treue zu versprechen, bedeutet, so der Psychologe Reinhold Haskamp, »durch alle Wandlungen, die sich in mir und in anderen vollziehen werden, treu zu bleiben. Ich sage ja zu Menschen, die sich verändern werden, sage ja zu etwas, das sich erst im Dunkel der Zukunft enthüllen wird.« Auch wenn die Treue manchmal nicht durchgehalten werden kann, ist in ihrem Versprechen doch die Ewigkeit mitgemeint. Wir versprechen immer dauerhafte, also ewige Treue. Darin liegt die Bereitschaft, mit dem anderen durch alle Schwierigkeiten des Lebens hindurchzugehen. Dieses Versprechen gibt vielen Menschen Kraft, Konflikte miteinander in guter Weise durchzustehen. Aber bei allem Ernst des Versprechens wissen wir auch, dass es Scheitern gibt. Das Versprechen der Treue verhindert das Scheitern nicht. Aber es gibt auch dem Scheitern seinen Ernst. Es lässt uns nicht bei der ersten Schwierigkeit den Bund auflösen.

Wie kann es in der Liebe Verbindlichkeit geben? Erich Fromm schreibt in seinem viel gelesenen Buch über die

»Kunst des Liebens«: »Wäre die Liebe nur ein Gefühl, gäbe es keine Basis für das Versprechen, einander für immer zu lieben. Ein Gefühl kommt und verschwindet vielleicht wieder. Wie kann ich beurteilen, ob es für immer bleiben wird, wenn mein Akt nicht zugleich Urteil und Entscheidung ist?« Verbindlichkeit und Verantwortung gehören für Erich Fromm zusammen. Ich übernehme für den, dem ich Treue verspreche, mit dem ich verbindlich zusammenleben möchte, Verantwortung. Saint-Exupérys Wort aus dem »Kleinen Prinzen« trifft es genau: »Wir sind zeitlebens für das verantwortlich, das wir uns vertraut gemacht haben.« Der Theologe Joachim Gauck hat die Verantwortung einmal so gedeutet: Verantwortung sei Ausdruck der Gottesebenbildlichkeit des Menschen. Sie würde ihn vor der übrigen Kreatur auszeichnen. Wenn wir also bewusst Verantwortung füreinander übernehmen, hat das eine besondere spirituelle Qualität. Die Ehepaare übernehmen nicht nur füreinander Verantwortung. Sie sind auch verantwortlich für die Kinder, die sie gemeinsam erziehen. Die Frage angesichts einer möglichen Trennung ist oft, ob das persönliche Glück über die Verantwortung für die Kinder geht. Sicher ist es nicht hilfreich, wenn die Eltern nur wegen der Kinder zusammenbleiben und sich vor den Kindern bekämpfen. Das bringt die Kinder durcheinander. Sie leiden mit den Eltern und wissen nicht, an wen sie sich wenden können. Manchmal werden Kinder von einem Partner benutzt, damit sie für ihn Partei ergreifen. Die Verantwortung für die Kinder bedeutet, dass ich die persönlichen Reibereien vor den Kindern zurückhalte, dass ich den Kindern einen Raum der Geborgenheit und Sicherheit schaffe. Selbst wenn die Ehe auseinandergeht, muss dieser Raum der Geborgenheit weiter da sein. Sonst fühlen sich Kinder verlassen, alleingelassen. Sie spüren, dass sie dem Vater oder der Mutter nicht wert genug sind, dass sie bei ihnen bleiben. Das ist eine tiefe Verletzung.

Eine große Herausforderung für die Treue in der Ehe stellen die Brüche dar, mit denen wir immer wieder konfrontiert werden. Da geht nicht alles so glatt, wie wir das uns vorgestellt haben. Der Mann scheitert im Beruf. Die Familie kommt in finanzielle Schwierigkeiten. Ein Partner wird krank. Das verändert die Beziehung. Oder ein Kind bereitet Probleme, weil es Drogen nimmt, weil es krank wird, weil es von seinem Freundeskreis negativ beeinflusst wird. Solche Herausforderungen, die von außen auf uns zukommen, stellen unser Miteinander in Frage. Sie prüfen uns, auf welchem Fundament wir unser gemeinsames Lebenshaus gebaut haben. Wenn wir unsere Familie nur auf das glatte Funktionieren oder auf eine äußere Harmonie gebaut haben, dann stürzt durch solche Widerfahrnisse unser Lebenshaus zusammen. Letztlich verlangen solche Brüche eine spirituelle Antwort. Ich kann mich nicht mehr vom äußeren Funktionieren her definieren, von der heilen Welt, die wir mit unserer Familie aufbauen wollten. Es braucht ein tieferes Fundament. Das kann letztlich nur Gott sein. Gott trägt uns, auch wenn der Boden unserer Ehe oder Familie ins Wanken gerät.

Die Brüche in unserer persönlichen Lebensgeschichte und die Brüche in unserem Miteinander wollen uns immer mehr aufbrechen für unsere innere Wahrheit und für die Wahrheit des anderen. Durch die Brüche können wir einander näherkommen. Wir brechen uns füreinander auf. Wir lassen den anderen hineinschauen in die Abgründe unserer Seele, die durch einen äußeren Bruch in uns aufgebrochen sind. Und dort fallen alle Masken ab, die wir manchmal doch noch aufsetzen, um den anderen nicht so nah an uns heranzulassen. Die Brüche zerbrechen alle Hindernisse, die wir zwischen uns aufgebaut haben. Sie sind die Chance, dass wir uns in unserer Wahrheit näherkommen und uns nun bedingungslos annehmen. Wir nehmen den anderen nicht mehr nur mit seinem Erfolg, mit seinen Stärken, mit seiner Harmonie an, sondern auch in seiner Disharmonie, in seinem Misserfolg, in seinen Schwächen. Das befreit uns selbst davon, dass wir dem anderen etwas beweisen müssen. Aber es tut auch weh. Wir müssen Abschied nehmen von den Illusionen, die wir uns von uns und vom anderen gemacht haben.

Die spirituelle Herausforderung im Umgang mit Beziehungskrisen besteht darin, dass ich mich durch die Krise selbst in Frage stellen lasse. Ich frage mich in einer Situation der Krise zunächst einmal: Haben wir unsere Ehe zu sehr auf harmonische Gefühle gebaut und nicht auf die Liebe, die tiefer ist als das Gefühl? Habe ich die Beziehung vernachlässigt? Waren mir andere Dinge auf einmal wichtiger? Bin ich zu wenig achtsam gewesen im Umgang mit mir selbst und mit dem anderen? Die Krise ist zunächst eine Herausforderung, all das zu lernen, was ich vernachlässigt habe. Und sie lädt mich ein, alle voreiligen Urteile und Verurteilungen zu lassen und mich einfach zu fragen, was schiefgelaufen ist, was sich abgeschliffen hat, wo die Verletzungen sich gehäuft haben und zugleich verdrängt wurden.

Der zweite Schritt wäre zu überlegen: Was können wir ändern? Das eine ist die Änderung im konkreten Verhalten. Wir können uns Zeit füreinander nehmen. Wir können bewusst auf den anderen mehr Rücksicht nehmen. Wir können – um nur ein Beispiel zu nennen – unsere Versprechen, im Haushalt mitzuhelfen, einlösen. Doch das sind äußere Schritte. Manchmal haben Paare den Eindruck, dass alles äußere Bemühen nicht weiterhilft, weil die Liebe abhandengekommen ist. Dann wäre es angebracht, sich zu fragen, ob wir die Liebe zu sehr mit Gefühl identifiziert haben. Ist die Liebe wirklich abhandengekommen? Was heißt es, den anderen zu lieben, auch wenn keine starken Liebesgefühle in mir sind? Wenn ich betrauere, dass wir momentan keine heiße Liebe erfahren, sondern eher eine nüchterne, dann kann ich vielleicht auch die Kraft dieser alltäglichen Liebe dankbar annehmen. Es ist eine Liebe, die sich in Solidarität äußert, in Fairness, in Zuverlässigkeit, in Hilfsbereitschaft, in der Achtung des anderen. Das ist nicht die Liebe, die eine Ehe ausmacht und im Innersten zusammenhält. Aber es ist doch auch Liebe. Und auch diese Liebe kann die Ehe eine Zeit lang retten. Wir sollten allerdings nie die Hoffnung aufgeben, dass diese nüchterne und alltägliche Liebe sich wieder in eine lebendige Liebe wandelt. Manche meinen, ihre Liebe sei nur freundschaftlicher Natur, aber sie reiche nicht für eine Ehe. Sie würden sich gut verstehen, aber es fehle die Leidenschaft, das Begehren des anderen. Wenn wir so reden, haben wir feste Vorstellungen, wie die Liebe sein müsse. Das, was unserer Liebe fehlt, sollen wir betrauern, um das Geschenk einer freundschaftlichen Liebe genießen

Was die Liebe stärkt

zu können. Es ist schon viel, freundschaftlich miteinander zu leben, sich zu achten und zu ehren, sich gegenseitig zu ergänzen. Es muss nicht immer die große erotische Liebe sein.

## Gemeinsames Wachsen

Der Paartherapeut Jürg Willi hat den Begriff der Koevolution geprägt. Er kritisiert die Tendenz, die lange die Psychologie bestimmt hat: dass es nur um die eigene Selbstverwirklichung geht. Wenn in einer Ehe jeder nur das eigene Selbst schützt, dann geht es immer nur um die eigene Bedürfnisbefriedigung. Doch – so sagt Willi – »eine auf Bedürfnisbefriedigung gründende Partnerschaft endet in der Sackgasse gegenseitiger Ausbeutung.« Er folgert daraus, dass auf der Basis der Bedürfnisbefriedigung keine Lebensgemeinschaft und Liebesgemeinschaft geführt werden kann: »Zu mühselig wird das dauernde Abwägen, wer wann wem mehr Bedürfnisbefriedung gewährt, wer von wem mehr ausgebeutet und unterdrückt wird, wer sich für wen mehr aufgeben und anpassen muss.«

Gegenüber dem Selbst, das nur um die eigene Selbstverwirklichung kreist, setzt Willi das sich transzendierende Selbst. Er bezieht sich dabei auf C. G. Jung, für den sich das Selbst immer schon transzendiert auf das Zentrum des Universums, letztlich auf Gott hin. Das Selbst schließt nach C. G. Jung immer auch die Mitmenschen und die ganze Welt ein. Niemand kann sein Selbst entfalten, ohne die Beziehung zu den Menschen und zur Welt zu berücksichtigen. Letzteren Aspekt nennt Jürg Willi die »ökologische Selbstverwirklichung«. Er versteht darunter, dass das Selbst sich nur in der Teilhabe an übergreifenden, mitmenschlichen Prozessen finden und verwirklichen kann. Hier beruft er sich vor allem auf Martin Buber, für den die Selbstwerdung in der konkreten menschlichen Begegnung geschieht und für den die eigentliche Wirklichkeit des Menschen zwischen mir und dir liegt. Ich benutze das Du nicht, um mich selbst zu finden. Die Selbstwerdung geschieht auch nicht in der völligen Aufgabe und Hingabe zugunsten des Du, vielmehr vollzieht sie sich »im Dazwischen, in dem Bereich, in dem Ich und Du sich ereignen können.« Willi zitiert Ludwig Binswangers Diktum: »Wo kein Du mehr etwas von mir erwartet, bin ich im erotischen Sinne tot.« Diese dialogische Betrachtungsweise der Selbstwerdung sieht Willi im christlichen Bereich verankert. Er führt sie weiter zu einer ökologischen Betrachtungsweise, die auch Erkenntnisse aus der Naturbeobachtung mit einbezieht. Koevolution meint, dass Entwicklung des Selbst immer nur im Zusammenhang mit der gemeinsamen und gleichzeitigen Entwicklung anderer Menschen möglich ist und nur in dieser Wechselwirkung zu einem lebendigen Prozess wird. Völlige Angepasstheit ist ebenso tödlich wie eine völlige Unangepasstheit, sagt die Biologin Christine von Weizsäcker. Was wir als Gesetzmäßigkeit aus der Natur kennen, gilt auch für die Entwicklung einer Beziehung. Wenn eine Frau sich völlig dem Mann anpasst, gibt sie sich selbst auf. Dann ist auch keine Beziehung mehr möglich. Denn die Beziehung lebt immer von der Spannung, die zwischen zwei Menschen besteht. Wenn jedoch jeder nur darauf pocht, ganz er selbst zu sein und wenn er sein vermeintliches Selbst absolut setzt, dann ist keine Beziehung mehr möglich. Dann bleibt jeder isoliert bei sich selbst. Vor lauter Angst, er könnte sich dem anderen anpassen, bleibt er in seiner Festung und wird unfähig, den anderen zu spüren und sich auf ihn einzulassen.

Jürg Willi unterscheidet zwischen Liebschaft, die das Ziel hat, sich körperlich und seelisch zu erfahren, und der Lebensgemeinschaft, die eine gemeinsame Geschichte stiftet. Die Liebschaft ist oft von der eigenen Bedürftigkeit geprägt. Das Liebesbedürfnis ist etwa für Abraham Maslow ein Defizitbedürfnis: »Es ist ein Loch, das gefüllt, eine Leere, in die Liebe gegossen werden muss.« Doch die reife Liebe ist keine bedürftige Liebe. Wenn ich nur von meinem Bedürfnis ausgehe, wird der andere schnell zum Gegenstand meines Konsums. In der reifen Liebe benötige ich den anderen nicht, um meine innere Leere zu füllen, sondern ich liebe ihn, weil ich ihn liebe. Ich bin fasziniert von ihm. Wir bereichern uns gegenseitig in der Liebe.

Die bedürftige Liebe ist häufig die Ursache von Beziehungskrisen. Wenn meine Bedürfnisse vom anderen nicht befriedigt werden, werde ich unzufrieden. Meine Erwartungen werden nicht erfüllt. Auch wenn ich dem anderen gegenüber meine Bedürfnisse ausdrücke und wenn wir darüber miteinander sprechen, so bleibt doch noch eine Kluft zwischen unseren Wünschen und der Erfüllung unserer Wünsche und Bedürfnisse. Für den transpersonalen Psychologen Richard Stiegler kann gerade an dieser Stelle der Überstieg in die spirituelle Ebene erfolgen. Wir können uns dann fragen: »Wie können wir glücklich werden, wenn unsere Erwartungen und Bedürfnisse an das Leben und das Leben selbst oft so weit auseinander klaffen? Gibt es eine tiefere Erfüllung, auch wenn unsere Bedürfnisse nicht gestillt werden?« Die Beziehungskrise selbst stellt uns spirituelle Fragen. Sie weckt in uns die spirituelle Sehnsucht »nach einer tieferen Sicherheit, als sie uns das normale menschliche Leben bieten kann. Die Sehnsucht nach einem tieferen Sinn, als uns äußerer Wohlstand, Ansehen oder Bedürfniserfüllen geben können. Und die Sehnsucht, uns selbst und das Leben an seiner Quelle zu berühren, zu erkennen, wer wir wirklich sind jenseits oberflächlicher Rollen und Eigenschaften.« Beziehungskrisen sollen angeschaut und besprochen werden. Aber wir sollen uns nicht nur darauf verständigen, wie weit wir die Bedürfnisse des anderen erfüllen können oder nicht. Letztlich bleibt immer ein Loch des Unerfülltwerdens. Und dieses Loch können wir nicht mit irgendwelchen Ersatzbefriedigungen stopfen, etwa indem wir uns eine Freundin suchen. Sie kann letztlich nur überwunden werden, wenn wir in diese Leere hineingehen und in den Grund unserer Seele gelangen, in der wir eine Ahnung haben, was uns wirklich trägt.

Jürg Willi meint, es gebe Zeitströmungen, die die Ehescheidung schon als einen »Leistungsnachweis für Emanzipation« ansehen. Das Verbleiben in der Ehe, das besagt diese Meinung, würde unsere innere Entwicklung hemmen. Das kann natürlich sein. Aber normalerweise sind die Krisen, in die die Eheleute geraten, eine Chance, gemeinsam zu wachsen. Eine schnelle Trennung bei den ersten Schwierigkeiten verhindert solches gemeinsames Wachstum. Eine solche »Koevolution« gelingt aber nur, wenn die Partner nicht auf die Gefühle der Liebe fixiert sind, sondern an ihrer Lebensgemeinschaft bauen, die ein zielgerichteter Prozess ist: »Die Beziehung ist nicht Selbstzweck, die Partner genügen sich in ihrer Zweisamkeit nicht, sondern sie richten ihre Beziehung auf ein Drittes aus, auf eine gemeinsame Zielperspektive.« Diese gemeinsame Zielperspektive ist die Lebensgemeinschaft, die Familie mit Kindern, oder aber auch die Arbeit, in der sich die Partner engagieren und zum Segen werden für andere. Sie kann aber auch ein spiritueller Weg sein. Die beiden öffnen sich gerade in ihrer gegenseitigen Begrenzung dem Grenzenlosen, Gott. Das Leiden an ihren Grenzen führt sie über die Grenzen hinaus in den Bereich des unendlichen Gottes. Das relativiert ihr Leiden und lässt es sogar fruchtbar werden für den spirituellen Weg. Wenn die beiden Partner immer nur Glück von ihrer Partnerschaft erwarten, werden sie bald enttäuscht sein und den Eindruck haben, sie müssten sich trennen, sobald sie sich nicht mehr glücklich fühlen. Wenn sie jedoch ihr Augenmerk auf den gemeinsamen Prozess des Wachsens richten, werden sie frei von der Fixierung auf das Glück. Das Wachsen, die Evolution ergibt sich nicht aus der völligen Entsprechung. Gerade wenn Partner sich nicht ganz verstehen und gerade wenn sie einander nicht voll entsprechen, kann diese Spannung die persönliche Reife anregen und uns auf unser wahres Selbst verweisen, in dem wir uns mit Gott eins und von Gott verstanden wissen.

Das Gefüge der Partnerschaft gerät ins Wanken und

muss wieder ein neues Gleichgewicht bekommen, wenn die Kinder kommen. Kinder verstärken das Miteinander. Die gemeinsame Sorge für die Kinder verbindet die Partner miteinander. Aber manchmal ist es auch eine Krise. Die Eltern beschäftigen sich nur noch mit den Kindern und finden keine Zeit mehr, über sich selbst zu reden. Die Kinder sind immer dabei. So gibt es kaum mehr Gelegenheit, die eigene Beziehung zu vertiefen. Manchmal fühlt sich der Mann von seiner Frau vernachlässigt. Die Frau geht ganz in ihrer Mutterrolle auf und vergisst, dass sie auch die Frau ihres Mannes ist. Wenn der Mann dann seine Bedürfnisse anmeldet, hat sie den Eindruck, dass er ein weiteres Kind ist, für das sie sorgen muss. Das überfordert sie.

Auch wenn die Kinder aus dem Haus gehen, wird das Lebenshaus der Partnerschaft erst einmal erschüttert. Das Haus fühlt sich leer an. Die Eltern spüren, dass sie neu aufeinander verwiesen sind. Sie können ihre Aufmerksamkeit nicht mehr nur auf die Kinder richten und über die Kinder reden. Sie müssen wieder miteinander ins Gespräch kommen. Für viele ist das eine Chance, die Beziehung zu vertiefen. Manche Paare merken aber in diesem Augenblick auch, wie fremd sie sich geworden sind, dass sie sich gar nicht mehr viel zu sagen haben. Oft übergehen sie diese erschreckende Erkenntnis, indem sie sich in neue Aktivitäten stürzen. Doch gerade diese Erkenntnis wäre die Chance für die beiden, sich neu über den gemeinsamen Weg auszutauschen, über das, was die sie im Innersten zusammenhält.

Die Erfahrung unserer Endlichkeit ist ein Ort, an dem die Spiritualität besonders gefragt ist. Brüchigkeit und Zerbrechlichkeit sind als Möglichkeit jeder Beziehung eingeschrieben. Wenn einer der Ehepartner krank wird, werden beide damit konfrontiert. Sie wissen nicht, ob die Krankheit überwunden wird, sie könnte auch zum Tod führen. Oder einer von beiden hat einen schweren Autounfall gehabt. Der hätte auch tödlich ausgehen können. Oder aber einer ist wirklich schwer verletzt worden und ist in wesentlichen Bereichen seines Lebens behindert. Solche Erfahrungen wollen angeschaut und ausgehalten werden. Es hilft nicht, sie nur zu beschönigen, indem man sagt: »Es hätte auch schlimmer ausgehen können. Einmal wird es uns alle treffen.« Solche Beschwichtigungen sind ein Versuch, der Brüchigkeit unseres Lebens auszuweichen oder sie zu bagatellisieren. In all diesen Fällen stellt sich einem Paar die Frage, wie es mit der Endlichkeit ihrer Beziehung umgeht. Einer wird irgendwann zuerst sterben. Was wird der andere dann machen? Wie geht er damit um, dass er allein ist? Wie gehen beide mit der Tatsache um, dass der Tod sie auseinanderreißen wird?

Dass sich die Ehepaare getrennt haben, weil einer von ihnen krank geworden ist, höre ich in Gesprächen immer wieder. Für den, der krank geworden ist, ist das eine tiefe Verletzung. Er hat den Eindruck, dass er vom anderen nur dann angenommen wird, wenn er gesund ist und etwas darstellt. Natürlich gibt es da Grenzen. Ein Mann trennte sich von seiner Frau, deren Psychose für ihn unerträglich geworden war. Er hatte es bei der Heirat nicht bemerkt, dass seine Frau psychotisch veranlagt ist. Damals schien sie ihm manchmal etwas kompliziert. Aber er hatte gedacht, er könne diese Schwierigkeiten mit seiner Liebe heilen. Doch dann entpuppte sich die Psychose als starke Schizophrenie. Die Frau lebte in einer irrationalen Welt, in der für den Mann mit seiner Realität kein Platz war. Es steht uns in diesem konkreten Fall nicht zu, zu urteilen, wenn der Mann sich trennt, um sich selbst zu schützen und gesund zu bleiben. Aber wenn ein Mann sich von seiner Frau trennt, sobald er erfährt, dass sie Krebs hat, ist es für die Frau eine tiefe Kränkung. Wenn sie den Eindruck hat, der Mann liebe sie nur solange, wie sie seine sexuellen Bedürfnisse erfüllen könne, und lasse sie fallen, wenn sie selbst krank ist, dann fühlt sie sich nur benutzt. Eine solche Situation ist eine spirituelle Herausforderung. Ich habe Paare erlebt, die durch den Krebs eines Partners auf neue Weise zusammengewachsen sind. Sie haben aufgehört, sich über Belanglosigkeiten zu unterhalten. Sie hatten das Gefühl, dass jeder Tag ein Geschenk war. So haben sie das Geheimnis des anderen immer mehr kennen gelernt. Ihre gemeinsame Liebe ist durch die Krankheit gewachsen. Als die Frau dann an Krebs starb, haben sie gespürt, dass die Liebe stärker ist als der Tod. Sie haben die Wahrheit des Satzes von Gabriel Marcel erlebt: »Lieben, das heißt, zum anderen sagen: Du, du wirst nicht sterben.« Durch die Auseinandersetzung mit ihrem Sterben hat der Mann eine Liebe erfahren, die er in gesunden Tagen so nie erlebt hatte. Beide waren sich in ihrem Herzen so nahegekommen, dass auch der Tod sie nicht voneinander scheiden konnte. Die Frau lebt mit ihrer Liebe im Herzen des Mannes weiter.

Ein wesentlicher Aspekt der christlichen Spiritualität ist der bewusste Umgang mit dem Tod. Es gab im Christentum eine *ars moriendi*, eine Kunst zu sterben, als eine Einübung in die Kunst des Sterbens. Diese Einübung in die Tatsache unserer Endlichkeit geht über das Bewusstwerden, dass wir täglich sterben können. Der hl. Benedikt rät seinen Mönchen, sie sollten sich täglich den Tod vor Augen halten. Diese Übung lässt uns nicht nur bewusster leben. Wenn ein Paar sich gemeinsam den Tod vor Augen hält, dann kann das auch ihre Liebe vertiefen und die Entwicklung ihrer Beziehung weiterbringen. Beide wissen um die Endlichkeit ihres gemeinsamen Weges. Dieses Wissen kann Angst machen. Es kann aber auch einladen, die gemeinsamen Tage bewusst zu genießen und erfüllt zu leben. Und es kann dazu einladen, über den Tod nachzudenken und nach der Tragfähigkeit und Reichweite unseres Glaubens zu fragen. Auferstehung heißt, dass wir nicht aus der Liebe Gottes fallen können. Sie heißt aber auch, dass wir im Tod nicht aus der Liebe unseres Partners fallen können. Die Liebe ist stärker als der Tod. In der Liebe ist immer schon Todüberwindung. Diese Erkenntnis gibt den Ehepaaren das Gefühl, dass es in ihrer Endlichkeit und Brüchigkeit etwas gibt, das nicht zerstört werden kann, dass in ihrer Liebe etwas ist, das den Tod überdauert. Der Gedanke an den Tod intensiviert auf diese Weise ihre Liebe. Er zeigt ihnen das wahre Geheimnis ihrer Liebe auf. Die gemeinsame Geschichte, die ein Ehepaar stiftet, geht mit dem Tod nicht zu Ende. Sie wird im Tod vollendet und reicht über den Tod hinaus. Sie wirkt sich auf die Kinder und Kindeskinder aus und auf all die Menschen, denen man auf dem Lebensweg begegnet ist.

*Gegenseitige Achtsamkeit und Beziehungsarbeit*

Achtsamkeit ist heute ein Zentralbegriff der Spiritualität geworden. Thich Nath Hanh empfiehlt sie als alltägliche Übung zur Erfahrung von Glück und Zufriedenheit. Aber auch die christliche Tradition kennt diesen Begriff. Der hl. Benedikt fordert seine Mönche auf, achtsam mit dem Handwerkszeug umzugehen, aber auch auf die Zunge, auf die Worte zu achten und überhaupt achtsam zu sein im Umgang mit den Menschen. Der Cellerar soll immer auf seine Seele achten, auf die leisen Impulse seiner Seele, auf seine Gefühle und Emotionen, auf den inneren Widerstand gegen bestimmte Arbeiten oder Menschen. Das lässt sich auch auf die partnerschaftliche Beziehung übertragen. Die Achtsamkeit ist auch für den gemeinsamen Übungsweg der Ehe eine entscheidende Haltung.

Achtsamkeit fängt bei den alltäglichen Dingen an. Damit die Beziehung gelingt, bedarf es eines achtsamen Umgangs mit den ganz alltäglichen Dingen. Das beginnt bei der Organisation des Haushalts, das zeigt sich in der pünktlichen Einhaltung zum Beispiel der Abendessenszeiten, damit niemand unnötig warten muss. All diese alltäglichen Tugenden wie Pünktlichkeit, Verlässlichkeit, Klarheit, Ordnungsliebe, Reinlichkeit scheinen banal zu sein. Aber gerade darin zeigt sich die Liebe zwischen Mann und Frau konkret. Für Benedikt zeigt die Realitäts-kontrolle des Alltags, ob jemand wirklich ein spiritueller Mensch ist oder ob er nur vor dem Chaos seines Alltags in die Spiritualität flüchtet. Manchmal höre ich das in Beglei-tungsgesprächen: Die Frau geht einen spirituellen Weg. Aber die täglichen Aufgaben vernachlässigt sie. Oder der Mann meditiert täglich, um sich den Hausarbeiten zu ent-ziehen. Er meint, er brauche nach der Arbeit die Medita-tion, um wieder ganz bei sich anzukommen. Doch er merkt gar nicht, wie er die Frau allein lässt. Eine gesunde Spiritualität drückt sich darin aus, dass ich den Alltag mit seinen Aufgaben und Pflichten ernst nehme. Darin zeigt sich konkret meine Hingabe an den Ehepartner.

Auch für die Eheleute gilt das Wort Benedikts an den Cellerar, er solle immer auf seine Seele achten. Das bedeu-tet für die Partner, dass sie auf ihre Gefühle achten. Sie können sich fragen: Wo schleicht sich in mir Unzufrieden-heit ein? Wo verschließe ich mich innerlich? Wo unterdrü-cke ich Gefühle des Gekränktseins? Wo spüre ich Ableh-nung in mir oder inneren Widerstand gegen das, was der andere gerade sagt oder tut? All diese Gefühle dürfen sein. Aber sie wollen angeschaut werden. Die psychologisch sehr klugen alten Mönchsväter sagen: Ich bin nicht verant-wortlich für die Gefühle, die in mir auftauchen, sondern dafür, wie ich mit ihnen umgehe. Indem ich das Gefühl der Unzufriedenheit anschaue, kann ich mich fragen, warum ich unzufrieden bin. Habe ich mir von meinem Partner et-was anderes erwartet? Sind meine Erwartungen an ihn realistisch? Oder hänge ich da irgendwelchen Illusionen nach? Ist die Unzufriedenheit eine Einladung, den anderen so anzunehmen, wie er konkret ist? Oder aber ist sie Anlass, über unsere Beziehung zu sprechen, nicht, indem ich dem anderen Vorwürfe mache, sondern indem ich über mein Gefühl rede und zugleich überlege, wie wir unsere Beziehung intensiver gestalten können? Wenn Gefühle des Gekränktseins zu lange unterdrückt werden, werden sie in mir zur Bitterkeit. Wenn ich auf sie achte, entdecke ich vielleicht meine eigene Verletzlichkeit, meine empfindlichen Stellen, mit denen ich mich aussöhnen muss. Oder aber ich kann dem anderen sagen, dass ich mich bei diesen Worten oder diesem Verhalten gekränkt fühle. Es ist dann kein Vorwurf, sondern eine Information. Wir können dann darüber sprechen, ob es mehr meine Empfindlichkeit ist oder ob der andere seine Verletzungen weitergibt oder ob die kränkenden Worte Reaktion auf seine Kränkung durch mich sind. Die Achtsamkeit auf die Gefühle führt zu einem intensiveren und offeneren Austausch. Aber auch hier gilt der Grundsatz, dass es keine absolute Offenheit gibt. Es bedarf der *discretio*, der Gabe der Unterscheidung, die der hl. Benedikt als die Mutter aller Tugenden bezeichnet. Ich soll spüren, wo ich über die Gefühle rede und wo ich sie lieber persönlich verarbeite.

Achtsamkeit bedeutet dann auch, achtsam mit dem Partner umzugehen. Viele Frauen erzählen mir im Gespräch, dass ihr Mann überhaupt nicht wahrnimmt, wie es ihnen geht. Er fragt nicht nach und lebt einfach seinen Trott. Die Frau hat dann das Gefühl, er habe kein Interesse an ihr. Aber sie fragen auch ihn meist nicht, was ihn gerade beschäftigt. Sie könnten ja auch auf ihn achten und darauf, was in seiner Seele gerade vor sich geht. Und sie könnten ihn fragen, wie es ihm geht. Wenn er dann im Gespräch meint, es gehe ihm gut, er wisse gar nicht, was die Frage soll, dann kann sie ihm ihren Eindruck mitteilen. Sie hält ihm dann einen Spiegel vor. Nicht um ihn bloßzustellen, sondern liebevoll, um ihm zu helfen, sich der eigenen Wahrheit zu stellen und mehr auf die eigene Seele zu achten. Oft haben wir so sehr mit uns zu tun, dass wir gar nicht auf den anderen und seine Gefühle achten. Wir fallen dann aus allen Wolken, wenn er auf einmal sagt, er habe das Gefühl, wir würden ihn nicht mehr lieben, wir würden ihn übersehen, er fühle sich allein gelassen und verletzt. Das Achten auf die eigene Seele und auf die Regungen der Seele des anderen ist ein wesentlicher Bestandteil der täglichen Beziehungsarbeit.

Für manche ist der Begriff der Beziehungsarbeit negativ besetzt. Er klingt zu sehr nach Mühe. Die Schauspielerin Birgit Minichmayr wurde in einem SZ-Interview einmal danach gefragt. Sie antwortete: Beziehungsarbeit »löst bei mir keinen Schrecken aus. Vielleicht deshalb, weil ich Arbeit nie als negativ empfinde. Warum soll man nicht für die Liebe arbeiten? Wenn nicht dafür, wofür bitte dann?«

Für mich besteht die Beziehungsarbeit vor allem im spirituellen Weg der Achtsamkeit. Aber sie kann sich auch in konkreten Übungswegen ausdrücken.

Hans Jellouschek hat für diesen Übungsweg konkrete Ratschläge gegeben. Sie scheinen zunächst auf der rein therapeutischen Ebene zu liegen. Aber dass ich mich überhaupt auf die tägliche Beziehungsarbeit einlasse, ist ja schon eine spirituelle Aufgabe. Manche entziehen sich der Beziehungsarbeit, indem sie lieber an den anderen Forderungen stellen. Sie sagen ihm, wie er zu sein hat. Sie klagen ihn an, dass er nicht einhält, was er verspricht. Aber sie sind nicht bereit, sich auf gesunde und klärende Regeln des Zwiegesprächs einzulassen oder an ihrer Beziehung konkret zu arbeiten. Ich möchte nur zwei dieser Übungsaufgaben anführen, die Hans Jellouschek beim Thema Selbstverwirklichung und Hingabe einem Ehepaar gibt.

Die erste ist das Ritual des Gastgebers. Das Ehepaar hält sich an folgendes Ritual: Einmal in der Woche lädt der eine den anderen zum Gespräch ein. Der Einladende ist der Gastgeber, der dem anderen gleichsam als Gast seine eigene Welt zeigt und von sich erzählt. Der andere hört nur zu. Er kann nachfragen, aber er darf nicht in Frage stellen und nicht bewerten, was der andere sagt. In der nächsten Woche wechseln die beiden ihre Rollen. Auf diese Weise spüren sie, was den anderen wirklich bewegt. Sie haben teil an seinem Leben. Sie werden aufmerksam für sein »Anders-Sein«.

Die zweite Übungsaufgabe, die Jellouschek einem Paar stellt: »Jeder bekommt die Aufgabe, im Laufe der Woche einmal eine Initiative für eine gemeinsame, möglichst lustvolle Unternehmung zu ergreifen, zu einem gemeinsamen Kinobesuch oder einem gemeinsamen Essen und Ähnlichem. Der andere wird aufgefordert, sich dieser Initiative anzuschließen, ohne Einwände zu erheben. Er soll einfach mitmachen, was der andere vorschlägt.« Solche konkreten Aufgaben üben uns ein in die spirituelle Haltung der Hingabe. Statt Hingabe zu fordern, wird sie einfach eingeübt.

Das ist letztlich eine spirituelle Praxis. Denn auf diese Weise übe ich ein, frei zu werden von dem Terror meiner eigenen Bedürfnisse. Ich lasse mich konkret ein auf den anderen und erfahre mich selbst auf ganz neue Weise. Und der erfahrene Therapeut konstatiert: »Manche Paare machen dabei eine fundamentale neue Erfahrung: Ich verliere mich nicht, im Gegenteil, ich gewinne.«

Viele Partner beklagen sich, dass die Beziehung sich schwierig gestaltet. Aber sie sind oft nicht bereit, für die Beziehung etwas zu investieren. Es braucht auch Arbeit, es braucht einen Übungsweg, damit die Beziehung gelingt. Konkrete Rituale sind dabei eine wichtige Hilfe, dass die Beziehung lebendig bleibt. Viele Ehepaare sind da sehr einfallsreich. Sie entwickeln selbst Rituale, um für ihre Beziehung Zeit zu reservieren und um die wichtigsten Themen der Beziehung anzusprechen. Oder aber das Ritual lädt zu einem Tun ein, das die Beziehung vertieft. Manchen scheinen diese Rituale zu äußerlich zu sein. Aber in Wirklichkeit sind Rituale der Ort, an dem Gefühle geäußert werden, die sonst nie geäußert werden. Rituale vertiefen die Beziehung. Und sie schaffen Identität. Sie vermitteln dem Ehepaar das Gefühl: Wir leben unser eigenes Leben. Wir gestalten es. Wir haben Lust daran.

# Beziehung und Spiritualität:
# Vier Wege der Einübung

Ein Lamento über die Beziehungslosigkeit des heutigen Menschen führt nicht weiter. Wichtig sind Hilfen, die Beziehungsfähigkeit zu lernen. Noch einmal: Es gibt keinen schnellen Trick, beziehungsfähig zu werden. Durch moralisierendes Einfordern entsteht keine gute Beziehung. Es braucht einen behutsamen Weg der Einübung. Die Einübung beginnt bei der Beziehung zu mir selbst und geht über die Beziehung zu den Dingen, zu Gott und schließlich zur Beziehung zum Partner oder zur Partnerin.

Nur wenn ich mit mir in Berührung bin, kann ich mit anderen Menschen in Berührung kommen. Ich habe dann keine Angst mehr, dass der andere in mir etwas entdecken könnte, was ich vor mir verborgen habe. Wenn ich selber eingetreten in das Haus meines Leibes und meiner Seele, wird es mir auch möglich, den anderen in mein Haus eintreten zu lassen. Ich kann ihm alles zeigen, was in mir ist, weil ich es mir selbst erlaubt habe, dass mein Lebenshaus so aussieht. Die Beziehung zu mir selbst nimmt mir die Angst vor der Nähe des anderen. Weil ich mir nahe geworden bin, vermag ich auch die Nähe des anderen nicht nur zuzulassen, sondern sie sogar zu genießen. Weil ich mir Freund bin, kann ich auch mit einem anderen Freund sein. Ich erlebe die Beziehung zu ihm als etwas Bereicherndes. Ich will nicht in ihn eindringen und ihn ausforschen. Ich kann das Geheimnis dieses Menschen spüren, der so anders ist als ich. Beziehung zum anderen wird nur möglich, wenn ich ihn nicht bewerte, sondern einfach nur spüren möchte. Das nimmt dem anderen die Angst vor mir. Wo Angst ist, kann wahre Liebe nicht sein.

Ich möchte mich bei den Übungen, die ich empfehle, auf spirituelle Übungen beschränken. Paartherapeuten wie Hans Jellouschek haben Übungen beschrieben, die Paare miteinander machen können, um ihre Beziehung zu vertiefen. Auch diese konkreten, eher psychologischen Übungen können Teil eines spirituellen Übungsweges sein. Denn die Spiritualität möchte ja das ganz konkrete Leben durchdringen und verwandeln. Die Spiritualität geht immer über konkrete Rituale. Alle Rituale, ob sie nun bewusst religiös sind oder nicht, wollen uns und unser Leben verwandeln und es unter den Segen Gottes stellen, damit das, was wir tun, auch von Gott gesegnet ist. Nicht jedes Ritual und jede Übung wird den Leser oder die Leserin ansprechen. Es genügt, das zu üben, was mich berührt und in mir die Lust weckt, es auszuprobieren.

## Sich selber spüren

### Die Atemübung

Ich spüre meinen Atem und komme durch meinen Atem in Berührung mit meinem Körper. Ich lasse den Atem in den ganzen Körper hineinströmen und erforsche so durch den

Atem meinen Leib. Ich versuche, überall im Leib zu wohnen, mit allem, was in mir ist, in Beziehung zu kommen. Der Atem strömt bis in die Zehen und in die Fingerspitzen. Ich streichle mich gleichsam liebevoll mit dem Atem. Wenn mir das gelingt, fühle ich mich eins mit mir selbst. Ich wohne in meinem Leib und bin in Beziehung zu ihm.

## Die Handübung

Ich halte die Hände zusammen und spüre mit einer Hand die andere. Ich nehme die Wärme wahr, die zwischen den Handflächen entsteht. Dann kann ich die Hände langsam auseinanderschieben und dabei versuchen, mit einer Hand den Kontakt zur anderen zu spüren. Dann nähere ich die Handflächen wieder aneinander an. Manchmal kann ich dann eine Anziehung zwischen beiden Handflächen spüren. Wenn ich sie dann wieder zusammenhalte, spüre ich die Beziehung zwischen den Händen. Die Wärme, die Liebe, das Leben strömt von einer Handfläche zur anderen. Es strömt in mir. Ich spüre mich. Ich bin in Beziehung zu mir selbst.

## Die Herzensübung

Ich halte eine Hand auf das Herz und spüre die Sehnsucht, die in meinem Herzen auftaucht. Ich spüre mich in die Sehnsucht hinein und in die anderen Gefühle, die in meinem Herzen sind. Die Sehnsucht führt mich in die Tiefe meiner Seele, in den Grund meiner Seele. Dort entdecke ich in mir einen tiefen inneren Frieden, ich entdecke Lebendigkeit und Freiheit. Ich kann mich spüren, wenn ich aufhöre, mich zu bewerten. Ich bewerte gar nichts. Ich nehme einfach nur wahr. Ich gebe mir innerlich die Erlaubnis, dass alles sein darf, was da in mir auftaucht. So komme ich mit allem, was in mir ist, in Beziehung. Und in dieser Beziehung erfahre ich mich als lebendig. Das Leben strömt in mir.

## Die Beziehung zu den Dingen

Die Sinne bringen mich in Beziehung zu den Dingen.

Ich schaue eine Blume an. Ich betrachte ihre Schönheit und spüre mich in ihr Geheimnis hinein. Ich rieche an ihr. Ich nehme sie wahr. Ich betaste sie zärtlich. So komme ich in Beziehung zu ihr.

Oder ich betaste einen Baum, spüre die Kraft in ihm.

Oder ich nehme einen Stein in die Hand, schließe die Augen und erspüre ihn mit den Fingern.

Es braucht Achtsamkeit, Stille, Offenheit, um in Beziehung zu den Dingen zu treten. Dann kann ich es auch im Alltag einüben.

Ich nehme den Telefonhörer bewusst in die Hand.

Ich spüre den Kugelschreiber, mit dem ich schreibe.

Oder die Tastatur meines PCs, auf dem ich meine Texte tippe.

Ich gehe achtsam mit den Büchern um, die ich in die Hand nehme. Mit der Handtasche. Mit allem, was ich tagsüber immer wieder in die Hand nehme.

Ich kann mich nicht zur Achtsamkeit zwingen. Es ist ein Übungsweg, der mir gut tut, der mich die Dinge intensiver erfahren lässt. Durch den Kontakt mit den Dingen bringt er mich auch in Berührung mit mir selbst. Ich erlebe immer mich selbst und die Dinge intensiver. Die Beziehung zu den Dingen zeigt mir Seiten an mir, die ich sonst übersehen würde.

## Die Beziehung zu Gott

### In Seiner Gegenwart

Die Gottesbeziehung kann man nicht einfach lernen. Und doch gibt es Wege, sie einzuüben. In der geistlichen Tradition gibt es die Übung, in der Gegenwart Gottes zu leben. Ich mache mir immer wieder bewusst, dass Gott gegenwärtig ist und dass seine Gegenwart mich einhüllt. Ich arbeite vor ihm. Ich gehe vor ihm spazieren. Wenn ich dasitze und meditiere, dann bin ich vor ihm. Ein Missionar erzählte mir, wie er das Brevier, also das vorgeschriebene Stundengebet, bei dem er Gott überhaupt nicht spürte und das ihm deswegen zur Last geworden war, neu und tiefer beten lernte. Er erinnerte sich, dass er als Kind in der

Was die Liebe stärkt

Küche gespielt habe, während seine Mutter gearbeitet habe. Allein die Tatsache, dass die Mutter da war, hat ihm beim Spielen das Gefühl von Geborgenheit und Heimat vermittelt. Dieses Bild hat er auch für sein Breviergebet fruchtbar werden lassen. Er stellt sich vor, dass er jetzt seine Psalmen betet. Er tut es vor Gott, auch wenn dieser Gott sich nicht zeigt. Aber er ist da, so wie die Mutter da war. Dieses Gefühl, vor Gott zu beten und zu sein, hat sein Breviergebet verwandelt. Ich muss also die Beziehung zu Gott nicht immer spüren. Allein die Vorstellung und der Glaube, dass Gott gegenwärtig ist, helfen mir, trotz mangelnder Gefühle dennoch in Beziehung zu Gott zu sein und zu bleiben.

*Sehnsuchtsworte*

Beim Psalmenbeten hilft es mir selber, mir vorzustellen, dass ich diese Worte an Gott richte. Ich denke nicht über die Worte nach, sondern ich bin bei den Worten, die ich spreche, auf den ausgerichtet, zu dem ich sie spreche. So bringen mich die Worte aus meinem Kreisen um mich selbst und um meine religiösen Gefühle oder meine innere Leere weg und führen mich zu Gott. Auf ihn hin ist mein Geist gerichtet. Der hl. Augustinus sagt, dass wir nicht über die Worte nachdenken sollen, sondern dass die Worte des Gebetes unsere Sehnsucht nach Gott anstacheln wollen. Das Sprechen oder Singen dieser Worte bringt mich mit meiner Sehnsucht nach Gott in Berührung. Und in der Sehnsucht bin ich auf Gott bezogen.

*Gebärden*

Ein anderer Weg, die Beziehung zu Gott zu spüren, geht für mich über die Gebärden. Wenn ich meine Hände zu einer Schale forme, dann bin ich in dieser Gebärde auf Gott bezogen. Meine leeren Hände schreien danach, von Gott erfüllt zu werden. Ich halte in den leeren Händen meine Sehnsucht Gott hin. Wenn ich die Hände zum Segen erhebe, dann stelle ich mir vor, dass der Segen Gottes durch meine Hände zu den Menschen strömt. Auch in dieser Gebärde bin ich bezogen auf Gott und auf die Menschen. Die Hände ziehen mich weg von der Selbstbezogenheit und bringen mich in Beziehung zu Gott. Die Gebärde der gefalteten Hände richtet mich auf Gott hin aus. Die gefalteten Hände sind nach oben gerichtet, damit mein Geist sich zu Gott erhebt. Aber zugleich erfahre ich mich selbst intensiv, wenn ich die Hände falte. Ich spüre die Wärme der Hände. Ich spüre mich. Wenn ich vor Gott niederknie, erlebe ich die Beziehung zu Gott wieder anders. Ich erahne etwas von seiner Erhabenheit. Ich versuche, von meinem Ego frei zu werden und Gott Gott sein zu lassen. Wenn ich mich vor Gott niederwerfe, erlebe ich nicht nur die Beziehung meines Leibes zur Erde, sondern auch zu Gott, in dem ich geborgen bin und der mich trägt. In jeder Gebärde erlebe ich die Beziehung zu Gott auf andere Weise. Gerade durch die verschiedenen Gebärden wird meine Beziehung zu Gott lebendig.

Was die Liebe stärkt

Ein wichtiger Weg, die Beziehung zu Gott zu spüren, ist für mich auch der Atem. Der persische Sufipoet Rumi hat einmal gesagt, dass der Atem Gottes Liebesduft ist. Dieses Bild hat mir geholfen, im eigenen Atem die Liebe Gottes zu erfahren. Ich stelle mir vor, wie im Atem Gottes Liebe in mich einströmt und in alle Bereiche meines Leibes und meiner Seele eindringt. Indem ich mit meinem Bewusstsein dem Atem folge, spüre ich die Beziehung zu Gott leibhaftig. Gottes Liebe strömt in mich ein und wird im Atem erfahrbar. Wenn ich tagsüber die Beziehung zu Gott nicht spüre, dann hilft es mir, wenn ich wieder bewusst ein- und ausatme und mir vorstelle, dass jetzt in diesem Atemzug Gottes Liebe in mich einfließt. Durch diese Vorstellung – verbunden mit dem Atem – kann ich dann für einen Augenblick lang die Beziehung zu Gott wieder spüren und zugleich spüre ich mich selbst liebevoll. Denn mein ganzer Leib ist vom Liebesduft Gottes erfüllt.

# Die Beziehung zum Partner und zur Partnerin

## *Das Segensritual am Morgen*

Ein schönes Ritual, mit dem ich den Tag beginne, ist das Segensritual. Ich erhebe die Hände zum Segen und stelle mir vor, dass der Segen zu meinem Partner und zu den Kindern strömt. Ich stelle mir vor, wie er die Räume unserer Wohnung durchdringt. Dann werde ich den Tag anders beginnen und die Räume meiner Wohnung anders erleben. Eine Frau erzählte mir, wenn sie morgens das Wohnzimmer betrete, spüre sie oft noch die negative Atmosphäre, die durch das misslungene Gespräch am Vorabend noch in der Wohnung steckte. Wenn sie den Segen Gottes dort hinein sendet, kann sie am Morgen gesegnete Räume betreten. Das verändert die Atmosphäre. Ein solches Ritual ist auch dann eine gute Hilfe, wenn ich durch die Arbeit oder andere Verpflichtungen vom Ehepartner getrennt bin, die Beziehung zu ihm zu spüren. Ein Mann, der weit weg von seiner Familie arbeitete, erzählte mir, für ihn sei das Segensritual am Morgen eine gute Gelegenheit, die Verbindung zu seiner Frau und zu seinen Kindern intensiv zu spüren. Er hebt die Hände empor und stellt sich vor, wie Gottes Segen und wie seine eigene Liebe und Fürsorge durch seine Hände zu seiner Frau und zu seinen Kindern strömt.

### Den Partner/die Partnerin im Herzen spüren

Ich meditiere gerne mit dem Jesusgebet. Ich lege dabei die Hände auf die Brustmitte und sage mir still beim Einatmen vor: »Herr Jesus Christus« und beim Ausatmen: »Sohn Gottes, erbarme dich meiner!« Manchmal benutze ich diese Meditation auch, um die innere Verbindung mit einem Freund oder einer Freundin zu spüren. Dann sage ich: »Erbarme dich ihrer/seiner!« Ich spüre dann den Freund/die Freundin in meinem Herzen. In der Partnerschaft könnte das auch eine gute Übung sein. Ich lasse die zärtliche und barmherzige Liebe Jesu zu meinem Partner/meiner Partnerin strömen und stelle mir vor, dass nicht nur Jesus mit seiner Liebe in meinem Herzen ist, sondern auch die Partnerin in meinem Herzen wohnt. Dann schafft die Meditation eine innere Verbindung zum anderen. Ich fühle mich dann in einer größeren Liebe mit ihr verbunden. Es ist die menschgewordene Liebe Gottes, die mir in Jesus konkret begegnet ist. Diese Liebe versiegt nie, auch wenn die Gefühle zur Partnerin oder zum Partner weniger werden. Ich fühle dann in der Tiefe meines Herzens die Liebe zur Partnerin oder zum Partner, die ich in meinem Herzen trage.

*Den Partner/die Partnerin meditieren*
*und für ihn/sie beten*

Es gibt nicht nur die Meditation, in der ich mich für Gott öffne und in meine eigene Mitte komme. Ich kann auch den Partner/die Partnerin meditieren. Ich setze mich still hin und meditiere mich in ihn/sie hinein. Ich stelle mir vor, was sie/ihn im Innersten bewegt, wonach sie/er sich sehnt, worunter sie/er leidet, wie es ihr/ihm momentan wohl gehen mag. Ich erinnere mich an ihren/seinen Gesichtsausdruck, an den Ton ihrer/seiner Stimme und an ihre/seine Worte und versuche, mir vorzustellen, was sie/er damit ausdrücken möchte. Dann gehe ich durch all das Äußere

hindurch und meditiere ihr/sein Wesen, ihre/seine Einzigartigkeit, ihre/seine Einmaligkeit. Was macht sie/ihn aus?
Was ist das ursprüngliche und unverfälschte Bild, das Gott
sich von ihr/ihm gemacht hat? Ich meditiere mich in
sie/ihn hinein, um mich mit ihr/ihm innerlich verbunden
zu fühlen. Dann bete ich für sie/ihn. Ich verzichte darauf,
im Gebet meine Wünsche an sie/ihn zu formulieren. Vielmehr überlasse ich es Gott, was er im anderen bewirken
möchte. Ich bete einfach nur: »Herr segne sie. Herr segne
ihn!« Gott möge ihr/ihm all das schenken, was sie/er gerade braucht, was seinem Herzen Frieden schenkt, was
ihre/seine tiefste Sehnsucht erfüllt.

## Das Vaterunser gemeinsam beten

Viele Ehepaare beten gerne miteinander. Manche meinen,
nur ein persönliches Beten würde sie miteinander verbinden. Es ist gut, wenn ein Paar in persönlichen Worten miteinander beten kann. Aber oft werden sie merken, dass
auch die persönlichen Worte zu Floskeln werden. Ein
gutes Ritual ist es, jeden Morgen und jeden Abend gemeinsam laut ein Vaterunser zu beten. Zwei verschiedene
Weisen bieten sich an. Die erste Weise: Wir beten das
Vaterunser auf dem Hintergrund unserer Situation. Dann
bekommen die Worte eine neue Bedeutung. Wir fühlen
uns von Gott, unserem gemeinsamen Vater, unserer gemeinsamen Mutter, getragen. Es geht in unserem Miteinander, dass Gottes Herrlichkeit aufleuchtet, dass sein
Reich komme, dass wir nicht beherrscht werden von un-

seren Bedürfnissen, sondern dass Gottes Liebe in unserem Miteinander sichtbar wird. Sein Wille soll geschehen und uns zum Heil werden, nicht mein Wille, der meiner momentanen Laune entspricht. Wir bitten Gott auch um unsere finanzielle Sicherheit, dass wir das Leben auch finanziell meistern. Und wir halten in der Vergebungsbitte alles hin, was wir an Schuld in uns spüren. Wir beschuldigen weder uns selbst noch den anderen, sondern halten – ohne zu werten – unser Leben in Gottes erbarmende Liebe hinein. Und wir bitten ihn, dass er uns in unserer Liebe bewahren und vor Gefährdungen beschützen möge. Auf diese Weise gebetet, schenkt uns das Vaterunser Vertrauen und Zuversicht, dass unser gemeinsames Leben unter dem Segen Gottes steht.

Die andere Weise, das Vaterunser zu beten: Wir beten die Worte ganz langsam und stellen uns vor, wie unsere Eltern, Großeltern, Urgroßeltern diese Worte gebetet und wie sie damit ihr Leben gemeistert haben. Und wir stellen uns vor, dass – während wir diese Worte als Glaubende beten – unsere Vorfahren gleichzeitig im Himmel diese Worte als Schauende sprechen. Dann fühlen wir uns verbunden mit unseren Vorfahren. Unser Miteinander bekommt tiefere Wurzeln. Wir sind nicht nur von unserer Liebe getragen, sondern vom Glauben, von der Hoffnung und von der Liebe unserer Vorfahren.

Viele Ehepaare haben als gutes Ritual entwickelt, sich morgens vor dem Frühstück und abends vor dem Schlafengehen einen Kuss zu geben. Ebenso verabschieden sie sich mit einem Kuss, wenn einer von ihnen zur Arbeit geht, und sie begrüßen sich mit einem Kuss, wenn sie heimkommen. Das ist ein schönes Ritual, täglich die gegenseitige Liebe auszudrücken. Ein anderes Ritual ist, dem anderen beim Abschied ein Kreuz auf die Stirn zu zeichnen und ihn für das, was er auf der Arbeit in die Hand nimmt, zu segnen. An bestimmten Tagen – etwa dem Geburtstag oder Namenstag oder am Hochzeitstag – ist es ein schönes Ritual, dem anderen einen persönlichen Segen zuzusprechen. Ich lege meine beiden Hände dem anderen auf den Kopf und stelle mir vor, wie der Heilige Geist in den anderen einströmt. Dann verbinde ich diese Gebärde mit persönlichen Segensworten. Ich wünsche ihm, dass Gottes Segen ihn begleitet, dass er sich immer unter Gottes segnender Hand geschützt weiß. Und ich bitte, dass Gott alles, was er in die Hand nimmt, zum Segen werden lasse. Ich danke Gott, dass der andere für mich ein Segen ist. Und ich bitte, dass er und dass unsere gemeinsame Liebe für viele zum Segen werde, für unsere Kinder und für all die Menschen, die uns am Herzen liegen. Dann kann ich den Segen abschließen mit der Bitte: »Es segne dich der barmherzige und liebende Gott, der Vater, der Sohn und der Heilige Geist.« Dabei lasse ich die Hände auf dem Kopf liegen. Doch mit dem Daumen der rechten Hand zeichne ich das Kreuz auf die Stirne und lasse dann den Daumen noch etwas in der Mitte der Stirne ruhen. Damit drücke ich aus, dass der Segen tief in das Denken und Fühlen des anderen dringen und dass er ihn in seine eigene Mitte, in seine wahre und ursprüngliche Gestalt bringen möge.

## Dem anderen einen Brief schreiben

Zu Beginn einer Partnerschaft schreiben wir dem anderen oft einen Brief, in dem wir ihm unsere Liebe ausdrücken. Wenn Partner zusammen sind, denken sie, sie könnten alles miteinander besprechen. Doch von Zeit zu Zeit ist es auch da gut, dem anderen einen Brief zu schreiben. Der Brief braucht immer einen besonderen Anlass, entweder den Geburtstag oder Hochzeitstag oder aber eine schwierige Situation, in der man sich im Gespräch nicht näherkommt und keine Klarheit gewinnt. Für einen Brief nehme ich mir Zeit. Ich setze mich hin und überlege genau, was ich dem anderen schreibe. Ich schreibe voller Wohlwollen und Liebe. Ich bitte beim Schreiben, dass Gott mir die richtigen Worte eingebe. Und ich schreibe das, was ich dem anderen schon längst einmal sagen wollte, was ich aber oft nicht übers Herz bringe, ihm zu sagen. Ich kann ihm versichern, wie wichtig er für mich ist, wie sehr ich ihn liebe und wie dankbar ich für seine Liebe bin. Solche Briefe vertiefen die Liebe und führen uns in den Grund unserer Liebe, in den Grund, in dem Gottes Liebe uns miteinander verbindet.

Es gibt heute natürlich viele andere Möglichkeiten, miteinander zu kommunizieren. Da ist das Telefon, das uns auch bei Trennung miteinander verbindet. Oder wir schreiben uns kurze Botschaften per SMS. All das sind Zeichen unserer Verbundenheit und all das können zugleich Wege sein, die Verbundenheit zu vertiefen.

# Schluss

Die Liebe selbst ist es, die uns nährt. Doch oft genug bekommen wir nicht davon. Manche Paare sagen mir, dass sie an der Liebe des andern verhungert sind. Sie erwarten von der Liebe des andern, dass sie Nahrung für sie ist. Es ist nicht nur die Liebe, die nährt. Die Liebe selbst muss genährt werden, damit sie uns nicht zwischen den Fingern zerrinnt. Es gibt vieles, was die Liebe nährt: genügend Zeit füreinander, das Verständnis füreinander, die Offenheit und Ehrlichkeit zu einander, sexuelles Einswerden miteinander. Paartherapeuten haben uns viele Wege aufgezeigt, wie die Liebe Nahrung findet. Für mich ist es vor allem die Spiritualität, die die Liebe nährt. Denn sie führt uns an die Quelle der Liebe, die in uns ist. Diese Quelle ist göttlich und daher unerschöpflich. Wenn wir aus dieser Quelle schöpfen, wird unsere Liebe nie versiegen.

Beziehung und Spiritualität, das ist eine Spannung, die wir nicht auflösen können. Ich kann das Thema von verschiedenen Seiten aus anschauen. Da ist einmal die Spiritualität, die mir hilft, eine Beziehung einzugehen, auf den Segen Gottes zu vertrauen, der über der Beziehung liegt, und mich voller Hoffnung auf diese Beziehung einzulassen. Die Spiritualität entlastet mich von übertriebenen Erwartungen an die Beziehung, oder von Idealvorstellungen, mit denen ich sie nur überfordern würde. Auf der anderen Seite verweist mich das Erleben meiner Beziehung immer von Neuem auf die spirituelle Dimension unseres Lebens und unserer Beziehung. Die Haltungen, nach der die Beziehung zwischen Mann und Frau ruft, damit sie gelingt, sind letztlich spirituelle Haltungen. Es sind die Haltungen von Vertrauen und Verantwortung, von Liebe und Hingabe, von Hoffnung und Zuversicht, von Freiheit und Loslassen, von Dankbarkeit und Demut.

Es gibt keinen spirituellen Trick, die Beziehung erfüllter zu leben. Und ich kann auch keine spirituellen Ratschläge geben, die das Gelingen der Beziehung garantieren. Von all diesen Illusionen, dass wir nur genügend spirituell sein müssten oder psychologische Kommunikationsmethoden praktizieren müssten, damit unsere Beziehung gelingt, sollten wir uns verabschieden. Es gibt keine Garantie, dass unsere Beziehung gelingt. Die Spiritualität entlastet uns von unseren eigenen unbewussten Erwartungen. Sei es dass wir erwarten, dass unsere Ehe auf jeden Fall für immer halten wird. Oder dass wir glauben, wir bräuchten uns nur genügend anzustrengen, genügend oft zu meditieren oder genügend oft die psychologischen Ratschläge zu befolgen, dann könnte uns nichts passieren. Die Spiritualität befreit uns gerade von diesem inneren Druck, den wir uns oft genug selbst setzen. Sie zeigt uns die Dimension der Gnade. Wir sollen durchaus einen Übungsweg gehen, damit unsere Partnerschaft gelingt und uns lebendig hält. Aber auch wenn wir den Übungsweg perfekt gehen, garantiert er nicht, dass unsere Ehe zu einer heilen Welt wird. Entscheidend ist, dass das Gelingen der Beziehung nicht alles ist, worauf wir unsere Hoffnung setzen. Wir sind getragen von Gott. Und dieses Wissen, dass wir mit unserem Gelingen und Misslingen, mit dem Heilen und dem Gebrochenen in seiner guten Hand sind, entlastet uns von aller Verkrampfung und von aller hektischen Suche nach psychologischen oder spirituellen Methoden. Wir werden auf unserem gemeinsamen Weg der Liebe immer Enttäuschung und Erfüllung erleben, Verzauberung und Verletzung. Gerade diese Brüchigkeit aber verweist uns auf die Liebe, die nicht brüchig ist, auf die wir uns immer verlassen können, auf die göttliche Liebe, die in uns ist als eine Quelle, die nie versiegt und die unsere manchmal schal werdende Liebe erfrischt und unsere manchmal zu versickern drohende Quelle wieder auffüllt und die mit ihr verbundenen Lebensmöglichkeiten neu ins Bewusstsein hebt. Spiritualität ist das Vertrauen darauf, dass in uns eine Quelle der Liebe ist, die sich nie erschöpft, weil sie göttlich ist, und die unsere menschliche Liebe immer wieder neu zu wandeln und zu erneuern vermag.

# Literatur

Otto Friedrich Bollnow, Wesen und Wandel der Tugenden, Frankfurt 1965.

Erich Fromm, Die Kunst des Liebens, Stuttgart 1980.

Jean Gebser, Ein Mensch zu sein. Betrachtungen über die Formen der menschlichen Beziehungen, Bern 1974.

Herbert Haag, Du hast mich verzaubert. Liebe und Sexualität in der Bibel, Einsiedeln 1980.

Reinhold Haskamp, Treue, in: LexSpir 1299–1302.

Sven Hillenkamp, Das Ende der Liebe. Gefühle im Zeitalter unendlicher Freiheit, Stuttgart 2009.

Hans Jellouschek, Die Kunst als Paar zu leben, Stuttgart 1992.

Hans Jellouschek, Spiritualität als therapeutische Kraft in der Paarbeziehung, in: Michael Seitlinger, Was heilt uns? Zwischen Spiritualität und Therapie, Freiburg 2006, 73–84.

Verena Kast, Freude, Inspiration, Hoffnung, München 1997.

Hans J. Klauck, 1. Korintherbrief, Die neue Echter-Bibel. Kommentar, Würzburg 1984.

Hans-Joachim Klimkeit, Orientalische Alternativen zur abendländischen Personauffassung, in: Person und Verantwortung. Zur Bedeutung und Begründung von Personalität, hrg. Von Annette Schavan und Bernhard Welte, Düsseldorf 1980, 169–189.

Jack Kornfield, Selbst die besten Meditierenden haben alte Wunden zu heilen, in: Michael Seitlinger (Hg.), Was heilt uns. Zwischen Spiritualität und Therapie, Freiburg 2006, 97–102.

Joseph Ratzinger, Einführung in das Christentum, München 1968.

Peter Schellenbaum, Stichwort: Gottesbild, Stuttgart 1981.

Walter Schubart, Religion und Eros, München 1941.

Richard Stiegler, Der personale und der transpersonale Entwicklungsschritt, in: Michael Seitlinger (Hg.), Was heilt uns. Zwischen Spiritualität und Therapie, Freiburg 2006, 103–113.

Bernhard Stoeckle, Eros, in: Praktisches Lexikon der Spiritualität, Freiburg 1988.

Ken Wilber, Religion, Mystik und Therapie im Spektrum des Bewusstseins – ein Interview, in: Michael Seitlinger (Hg.), Was heilt uns. Zwischen Spiritualität und Therapie, Freiburg 2006, 114–122.

Ken Wilber, Eros, Kosmos, Logos, Frankfurt a. M. 1995.

Jürg Willi, Koevolution. Die Kunst des gemeinsamen Wachsens, Reinbek 1985 (Neuauflage Freiburg 2006).